JN067824

本質がわかる・やりたくなる

新 理科の授業

4年

小幡　勝

高橋　洋

子どもの未来社

はじめに

　4年生の理科の教科書を見ると、物質にかかわる単元が多くあります。「空気と水」「ものの温度と体積」「ものの温まり方」「すがたを変える水」「自然の中の水のすがた」といった具合です。教科書で扱うのは、空気と水が中心ですが、コラムなど読み物のなかには他の物質にも触れているので、その辺りも丁寧に扱うと、子どもたちに身のまわりの物質（固体・液体・気体）に興味をもたせることができます。

　1学期の「空気と水」の単元では、「空気は押し縮められるけど水は押し縮められない」ことを、実験をとおして学ばせましたが、どうしてそうなるのかまでの興味をもつ子どもは少なく、「飛び回る気体分子の話」をしても理解してくれる子どもはわずかでした。ここでは、空気鉄砲や水ロケットを飛ばすなどの活動を通して、空気の圧縮性とバネのような働きの個別認識をつくっておくことも大切だと感じました。

　3学期になって、「物の温度と体積」あたりから、なぜそうなるのかと考え質問してくる子どもや、自分なりの意見をもてる子どもも増えてきました。例えば、気体の入った注射器を冷やすと中の空気の体積が縮む、逆にその注射器を温めたらピストンが外側に動き中の空気の体積が大きくなったことに「なぜそうなるの」と質問が何人からも出ました。そこで前の気体分子の話をもう一度すると「なるほど、そうか。気体の粒がぶつかってピストンが押し出されるんだ」と考える子が出てきて広まりました。次の、「ガラス管をつけたフラスコを逆さにし、水の中にそのガラス管の先をつけておき、手で温めたら、中の空気は出てくるのだろうか」という課題では、「フラスコの中の気体分子がガラス管の中でもぶつかっているから、ガラス管を通って出てくる」と考える子が出ました。その後、液体や

固体も温度を上げるとわずかですが膨張することを、分子の振る舞いで考える子も多く出てきました。さらに、温度計の仕組みや、線路や橋が伸び縮みする仕組みにも興味をもって学習を終えることができました。

　３学期の「水の３つのすがた（物の温度と三態）」で、水以外の物質も扱うことで子どもたちから「へーなるほど、そういうことか」と、あらためて固体・液体・気体といった物質の世界を楽しむ声が上がってきました。例えば、アルコールや水の液体から気体への変化をやった後、気体のブタンを試験管の中に入れて冷やすと液体になり、手のひらで持っただけで沸騰してくること、水以外にも冷やせば固体になることを氷酢酸でやり、これまた手で温めただけで液体に戻るだけでなく、固体の酢酸が沈んでいること、金属のスズが熱すると簡単に液体になり、冷えて固体になると真ん中がへこんで体積が小さくなることなど、いろいろな物が温度ですがたを変え、体積も変化することに気づいていきました。分子の世界は中学校や高校で詳しく学習しますが、その理解の土台となる物質学習をここで存分にやっておきたいものです。

　本書には、10ヵ所にQRコードを掲載しました。これらを開くと、先生方向けに作った実験の手順やポイントの動画が見られます。予備実験を行なうときの参考にしてください。
　もくじにQRコード掲載ページを載せました。

2020年３月　小幡　勝

CONTENTS もくじ

第1章●4年の理科で大事にしたいこと

第2章●4年理科教科書はどんな内容か

第3章●授業をどのように進めるか

第4章●年間指導計画はこうしたい

第5章●こんな授業にしたい

※ QRコードで動画が見られます。すべて教師向けの実験動画です。
　動画…動
　〈掲載ページ〉 p.93, 98, 101, 116, 134, 136, 138, 140, 142, 147

第 1 章
4年の理科で大事にしたいこと

1．4年生の子どもって…

　一般に、小学校1・2年を低学年、3・4年を中学年ということが多い。

　低学年の子どもには、直接見たり触れたりという体験をしながら物をとらえていく学習が有効である。多少の話し合いや意見交換を行ったとしても、低学年の子どもは、最後は自分の感覚をとおして得たことを学んでいる。こういう点では、3年生も低学年に近いように思う。3年生になると、言葉による表現も上手になり、活動範囲も広がり、活発になってくるが、自分中心の考え方が強かったり、論理的に考えることが苦手だったりする子もまだまだ多い。だから、3年の理科でも直接見たり、実際にやってみたりすることをとおして学習することに重点が置かれる。

　4年生はというと、小学校3年間の学習やさまざまな経験などを経て、論理的に考える力もついてくるが、一般的に、はじめの頃は論理性よりも目の前の事実から学んでいる子が多い。それが、4年生からの体系的な理科学習を積み重ねるなかで、論理的に考えたり話し合ったりすることをとおして、さらに確かな論理性が身につくようになる。4年生という学年は、1～3年までの直接体験重視で試行錯誤しながらの学習から、抽象的な思考や論理的な考え方をしながら学習に取り組むことができるようになってくる学年である。そういう時期だからこそ、系統性のある学習内容を、子どもたちの認識の順次性にあった授業を展開したい。

　ただ、これは一つの傾向であって、子どもの成長には個人差があるので、子どもたちの状況を把握しながら授業を進めることが第一である。

2．単元相互のつながりを

　4年生の物質分野（学習指導要領の区分ではA区分）の学習は、それぞれの単元が相互に深く関わり合っている。この単元間の関わりをとらえて指導することがとても重要である。

　注射器などに入っている空気を押すと体積が小さくなる。同じように注射器などに

閉じ込められている空気は、温度が変わると体積が変化する。これらのことは、閉じ込められた空気の体積に関わる学習である。温度が変わると体積が変わることは「物の温度と体積」という単元で学習し、空気以外に水（液体）や金属球（固体）も同様の変化があることを学ぶ。

　物の温度が変わるためには加熱または冷却する必要がある。加熱されると物の温度が高くなることは、4年生の「物のあたたまり方」という単元で学習する。

　物の温度が高くなると体積が変わるだけでなく、存在状態が変わる（液体の水 → 気体の水（水蒸気））こともある。これは、「水の3つのすがた」という単元の学習内容である。

　このように考えると、相互関連性が強いこれらの学習は、「空気と水」→「物のあたたまり方」→「物の温度と体積」→「水の3つのすがた」の順で学習することが望ましい。

　このように相互の関連性を重視した年間計画を立てることによって、子どもたちは、前に学んだことを使いながら新しい課題に取り組むことができる。こういった学習をとおして、学んだ知識を活用することの有効性に気づき、学習することの大切さを実感することにもなるのである。

3．空気の性質をとらえる
「空気と水」

◎空気は圧し縮められるが、水は圧し縮められない。
◎空気にも体積があり、重さがある。

　注射器（または浣腸器）に空気を閉じ込めてピストンを押すと、空気の体積は小さくなる。ところが、同じことを水でやっても水の体積は小さくならない。空気が圧し縮められることは、空気だけの性質ではなく気体一般に共通した性質で、とても重要な学習内容である。ピストンを押したときに体積が小さくなったということは、閉じ込められた空気にも体積があることが前提である。そこで、空気の体積という学習が事前に行われている必要がある。さらには、空気の体積をとらえる前には物の体積の理解が必要になる。3年生で「ものの形が変わっても重さは変わらないこと、同じ体積のものでも重さが違うものがあること」を学んでいるが、そこでの教科書の扱いは十分とはいえない。

　そこで、この単元では、物には体積があることを学習し、それを手がかりに「空気にも体積があり、重さがある」「空気は圧し縮められるが、水は圧し縮められない」と

いう２つのことをとらえられるようにしたい。そうすることによって、水のような液体、木や石などのような固体と同じように、「空気も物」というとらえ方につながると考える。

４．いろいろな物の温度変化をとらえる

「物のあたたまり方」

◎温度の違う物が接すると、温度の低い物の温度は高くなり、温度の高い物の温度は低くなり、やがて同じ温度になる（温度平衡）。

◎物は熱せられた部分から温度が高くなる。

　高温の物と低温の物がふれあっていると、高温の物の温度が低くなり低温の物の温度が高くなる。このように、２つの物の温度が平衡状態になることを全員で確認したい。これはこの後の「物の温度と体積」「水の３つのすがた」にもつながる大事な内容である。

　物があたたまるのは、熱の伝導による現象であり、この単元では、金属（固体）は「熱源から順に温度が高くなる」ということにあたる。学習指導要領の水（液体）や空気（気体）のあたたまり方に書かれている対流という現象も、熱源によって水や空気の温度が上がるという点では固体のあたたまり方と同じである。ちがうのは、液体や気体は温度が高くなって体積が大きくなると密度（単位あたりの重さ）が小さくなって浮くという点である。だから、まずは固体のあたたまり方から学習し、液体や気体も固体と同じように加熱された部分の温度が上がることをとらえさせたい。

　液体や気体の対流という現象は、加熱された物（液体や気体）の移動なので、本質的な理解のためには「物の温度と体積」や「物の密度と浮き沈み」の学習が前提になる。しかし、「物のあたたまり方」という１つの単元になっているので、ここでは液体や気体の一部の温度が高くなると対流という現象が起きることを確認する学習にしたい。

５．物の温度が変わると体積も変わる

「物の温度と体積」

◎物は温度が高くなると体積が大きくなる（膨張）。

◎物は温度が低くなると体積が小さくなる（収縮）。

◎温度による体積変化は、空気（気体）が最も大きく、液体、固体の順である。

　物の温度と体積では、気体の代表として空気の膨張と収縮、液体では水とエタノール（アルコール）の膨張と収縮、固体では金属の膨張を扱う。ここで出てきている空気、水、エタノール、金属は、単に空気という物、水という物、エタノールという物ではない。それぞれ室温で気体の物としての空気であり、液体の物としての水やエタノール、固体の物としての金属球である。そういう意識で膨張や収縮を教えるようにしたい。

　ここでは、温度変化を扱うが、液体や気体の体積変化を数量的にとらえられるようにするために注射器（浣腸器）が有効である。しかし、注射器の中の空気や水の温度を直接はかることは困難なので、「物のあたたまり方」で学習した温度平衡の理解を生かして考えさせたい。

　高温の物と低温の物が触れあっていると、高温の物の温度が下がり、低温の物の温度が上がってきて、やがて同じ温度になる。つまり、注射器を湯につけると注射器の中の空気や水の温度も、時間がたてば注射器の外の湯の温度と同じになるという共通理解があれば、注射器の中の温度を直接はからなくても、外の温度で判断できる。物の温度と体積という学習なのだから、温度の変化も調べなければならないはずだし、体積の変化も数値で示せるようにしたい。

6．物は温度によって固体・液体・気体になる
「水の3つのすがた」

◎物には固有の沸点・融点がある。
◎物はその温度によってすがた（状態）が決まる。
◎液体が固体になると体積が小さくなるが、水だけは反対に体積が大きくなる。

　身の回りにある物で、温度によって固体、液体、気体になる物に水がある。しかし、固体の金属を加熱すると液体になるし、ロウは室温では固体だが、ロウソクの芯に火を近づけると芯に火がついてロウがとろけて液体になる。このように、固体の物が液体になったり、液体の物が気体になったりするのは、その物の融点や沸点よりも温度が高くなったからであり、何も水だけに起こる現象ではない。水の場合、融点が0℃で沸点が100℃であるが、エタノールの場合は融点も沸点も水よりも低い。しかし、エタノールも融点よりもさらに低い温度になれば固体になる。このように、物には固有の融点・沸点があって、融点以下の温度になれば固体になり、沸点以上の温度では気体になる。このことを、水だけではなく、エタノールやブタンなどの物質を使ってとらえさせていきたい。さいわい、教科書の「発展」や「資料」には水以外の物質の状

態変化が載っているので、実際に実験で確かめたい。

　学習指導要領には、「水が氷になると体積が増えること」を教えるようになっている。しかしこの現象は水が特別にそうなるのであって、他の物は反対に液体が固体になると体積が小さくなる。この変化に関しても、より一般的な物のすがたとしてとらえさせるためには、水だけでなく複数の事実を示す必要がある。

7．空気中には水蒸気がある

「水のゆくえ」

◎水は100℃以下でも蒸発して気体の水（水蒸気）になり、空気中の水蒸気は冷やされると液体の水になる。

◎水蒸気は上空で冷やされて、小さな水粒や氷粒となって雲になり、やがて雨として地上に降ってくる。

　この学習は、「水の3つのすがた」の後に扱いたい。自然蒸発の前に、液体の水は100℃以上の温度で気体の水（水蒸気）になることを先にとらえさせておきたいからである。

　氷水を入れたビーカーを児童の机の上に置いておくと、空気中の水蒸気が結露してビーカーの外側に水滴がつく。これは多くの子どもが経験していることである。氷水を入れたビーカーと冷たい水道水を入れたビーカーでは、たくさん水滴がつくのはどちらか調べてみる。すると、冷たい氷水の方がたくさんの水滴がつくのがわかる。

　次に、身近に起こっている蒸発現象をとらえさせたい。ぬれた洗濯物がかわくことや、お皿に入れた水を日なたに置いておくと、蒸発してなくなってしまうことなど、実験を通して確かめられる。子どもの経験を交流することも意味がある。

　水蒸気を含んだ空気が上昇していき、上空で冷やされると、液体の水になったり小さな氷になったりする。液体の水や氷なら、自然に落ちてきそうなのだが、たくさんの水粒や氷粒は落ちそうになっても風（上昇気流）によって吹き上げられるのでなかなか落ちてこない。地上から見るとそのたくさんの水粒や氷粒が白い雲として見える。その水粒や氷粒がお互いにくっついたりして風で浮かぶことができない重さになると雨になって落ちてくる。このような空気中の水蒸気と空に浮かぶ雲のつながりを、教科書や資料などを使って説明すると、自然界の水の循環が少しは理解できるだろう。

８．電気学習では回路をたどろう

「電気のはたらき」

◎電気の通り道（回路）ができると、豆電球が点灯する。

◎豆電球や乾電池のつなぎ方には直列つなぎと並列つなぎがある。

◎電気が多く流れると、豆電球が明るくなったりモーターが速く回ったりする。

　豆電球に明かりがつくのは、フィラメントに電気が通るからである。乾電池の＋極から出た電気（電流）が導線を通って口金からフィラメントを通って再び導線を通って乾電池の－極にもどる。この電気の流れをたどることによって回路の理解が深まる。電気の学習では回路をたどることがとても重要である。

　１個の乾電池に３個の豆電球を直列につなぐと、豆電球の明かりは暗くなる。ここで、乾電池を増やして直列につないでたくさんの電気が流れるようにすると、暗くついていた豆電球が明るくなる。１個の乾電池に複数の豆電球を並列につなぐと、１個１個の豆電球はそれぞれ明るくつく。このときも乾電池を増やして直列につなぐと、それぞれの豆電球はもっと明るくなる。モーターをより速く回すときも同じである。このような学習をとおして、乾電池の直列つなぎのメリットをはっきりさせたい。

　乾電池の並列つなぎは長時間使用する場合には有効だが、日常生活ではそのような使い方は非常に少ない。しかし、そういうつなぎ方もできることは示しておきたい。そして、こういった操作のたびに電気の通り道（回路）をたどり、回路を意識させることによって、乾電池や豆電球、検流計、モーターのさまざまなつなぎ方を知ることができる。

　電気の学習では、回路をたどりながら理解を深め、豆電球のつなぎ方や乾電池の数を調節して、自分の目的にあった配線を考え、簡単な回路を組み立てたり、電気のおもちゃを作ったりできるようにしたい。

９．ヒトにも動物にも骨と筋肉がある

「体のつくりと運動」

◎ヒトの体には骨や筋肉があり、体を支えたり動かしたりしている。

◎ヒト以外にも骨や筋肉がある動物がいる。

　動物には骨のある動物（脊椎動物）と骨のない動物（無脊椎動物）がいる。脊椎動物には、魚類、両生類、は虫類、鳥類、そして、ヒトを含むほ乳類がある。ここでは、ヒトの骨と筋肉のはたらきを学習し、脊椎動物も、筋肉の収縮で骨を動かして体を動

かしていることにつながるようにしたい。

　この単元は、自分や友だちの体をさわったりしながら骨や筋肉を確認することを中心に取り組みたい。自分の体で確かめたあと、理科室の骨格模型などでヒトの体の骨や筋肉の付き方や役割を確かめるようにする。また、関節の働きも実際に体を動かして調べることができる。

　ヒト以外の動物の骨や筋肉については、実際に観察することは難しい。しかし、食用に販売されている魚なら中の骨を観察できる。ニワトリの骨付き肉（手羽先）も、筋肉や関節のつくりの理解には役立つだろう。このように、身近な動物を使って骨と筋肉の観察をした後、動物の骨格図等を示して骨と筋肉の理解を深めたい。

10．生き物は温度の変化にあったくらしをしている
「季節と生物」

◎身の回りにはさまざまな生き物がいて、季節の変化（気温の変化）に合ったくらし
　をしている。

「季節と生物」となっているが、多くの生物は、季節の変化のなかで気温の変化に合わせて生きている。だから、季節というよりも気温の変化に目を向けた学習にしたい。教科書にはサクラやヒヨドリ、ツバメなどが出ているが、身近な植物や昆虫などに目を向けるようにしたい。それぞれの地域で実際に観察できるような身近な生き物が季節（気温の変化）によってどう変わっていくのかをとらえることができればいいのではないだろうか。

　また、多くの学校にはサクラが植えられているので、それを一年間観察するという学習もできる。始業式の頃、花が散って葉ザクラになる頃、葉を茂らせる夏、葉が色づき始める秋、そして落葉などなど……。季節ごとのサクラの様子と、サクラの木に訪れる鳥や虫なども観察できる。このように、サクラを中心に落葉樹の変化を学習するといいだろう。

　栽培教材として、ヘチマやツルレイシなどのつる性植物がとりあげられている。4月ごろの種まきから、発芽・双葉と本葉の頃・巻きひげが伸びる頃など、気温が高くなるにつれて成長が早くなることがわかる。また、雄花雌花が咲く頃・実が育つ頃から枯れるまで半年ぐらいの観察で変化がとらえられる。成長の変化が見られる頃に観察できるとよい。そして、その時期に合わせて校庭の生き物観察をすると、気温の変化とヘチマの成長と校庭の様子がつながりをもってとらえることができるだろう。

11．天気の様子と気温の変化をとらえる

「１日の気温の変化」

◎晴れた日は、午後２時頃に気温がもっとも高くなることが多い。

◎曇りや雨の日は、１日を通して気温の変化が少ないことが多い。

　気温の変化で、大切にしたいことは晴天の日では午後２時ごろに１番気温が高くなる。それとは反対に、日の出の頃に１番気温が低くなることにも目を向けたい。この２つは一日の気温の変化における特徴的な現象だからだ。

　天気予報などでも１日の気温変化が示されることもあるが、学校での気温変化を調べるには自記温度計を活用したい。

　この単元の扱いは、教科書にもあるように、自記温度計の記録を使って、天気と気温の変化との関わりをとらえる学習にしたい。１週間の気温を調べることができる自記温度計をセットして、一定期間連続して調べ、そのグラフと天気を比べながら学習できるようにしたい。

　ここでは折れ線グラフの扱いが出てくるが、算数でも折れ線グラフの書き方や読み方の学習があるので、それと関わらせて学習するとよいだろう。

12．水は高いところから低い方に流れる

「雨水のゆくえと地面の様子」

◎水のしみ込み方は、土の粒の大きさによって違いがある。

◎水は高いところから低い方に流れる。

　雨水が地面にしみ込むことや、しみ込みやすい地面としみ込みにくい地面があるという学習は大事である。それは粒子の大きさによって違いがあるという事実がわかればよい。その上で、水がしみ込みやすい土でもしみ込む水の量が多いと、水を含みきれなくなって地上にあふれてくることや、地形によっては崖崩れや地滑りなどの土砂災害につながることを示していきたい。

　子どもたちは学校での掃除やプールの授業などで水と関わってきている。しかし、水の流れと土地の高低とのつながりを意識することはほとんどないだろう。そこで、雨天時に校庭に降った雨水の観察を行い、雨水が低い方に流れて校庭脇の側溝に流れることをつかませたい。また、流し台に流した水が流れ込む排水口は一番低いところにあることや、プールの一番深い（低い）ところに排水溝がある理由も考えさせたい。そして、水飲み場の流しや校庭の側溝が詰まっていたりすると水が流れにくくなってあ

ふれてしまうことや、居住地域の道路脇の排水溝に落ち葉がたまったりすると流れが悪くなることにも気づかせたい。

　5年の学習とも関わるが、地図上の水の流れ（川）についても考えさせてみたい。川の詳しい学習は5年で行うが、高い山から低い海に向かって流れていることはこの単元の最後にでも考えさせておきたい。

13．実際の月や星を観察しよう
「月と星」

◎太陽や他の星（恒星）は球形をしていて自分で光っている。

◎月は、太陽の光があたっているところが明るく見えるので、日によって違う形に見える。

◎星には明るさの違う星や色の違う星がある。

◎月も星座も東から西の方に動いているように見える。

　現在の日本でも、よく晴れた雲のない夜にはいくつかの星を見ることができる。それらの星のなかには、他の星の光を受けて光って見える星と、太陽のように燃えて光っている星（恒星）がある。月も太陽の光を反射して、光があたっているところが明るく見えている。

　地球からの月の見え方が変わる理由を理解するためには、恒星とその光を反射して光っている星があることを教えたい。これは、子どもの短期間の観察によってわかることではないので、天体学習のガイダンスとして読み物などを使って教えていきたい。

　月を見たことがないという人はたぶん一人もいないだろう。しかし、観察の対象として月を観る機会は小学校の理科授業以外ではほとんどない。やはり、月の学習では実際の月を観察させたい。夕方の満月、午前中に見える半月（下弦の月）、丸い皿のような細い月など、実際に観察させて模様も含めて絵にしてみると、月が一つであることがわかってくる。

　星座の観察は、理科室にある星座早見を、一定期間子どもに貸し出すか、自作の星座早見を持たせて、一学期のうちに星座早見の使い方を教室で指導して夜空の星を観察させる。星の色の違いや明るさの違い、見かけ上の動きなどは、教室の授業で課題意識をもたせて実際に観察させたい。それらの観察結果をもとにして、学習の中心は冬に設定して、冬になると見えるようになるシリウスやオリオン座のベテルギウスなど、色や明るさの違いをとらえるようにしたい。

第2章

4年理科教科書はどんな内容か

4年理科教科書・各社の単元構成一覧

学校図書	教育出版	啓林館	大日本図書	東京書籍
01. 季節と生き物の様子	01. 春と生き物	01. 春の生き物	○季節と生き物（春の始まり）	01. あたたかくなると
02. 1日の気温の変化	02. 天気による気温の変化	02. 天気と1日の気温 地面を流れる 水のゆくえ	01. 天気と気温	02. 動物のからだの つくりと運動
03. 空気と水	03. 体のつくりと運動	03. 電気のはたらき	02. 季節と生き物（春）	03. 天気と気温
04. 電気のはたらき	04. 電気のはたらき	○夏の生き物	03. 電池のはたらき	04. 電気のはたらき
05. 雨水の流れ	○夏と生き物	○夏の夜空	04. とじ込めた 空気や水	05. 雨水のゆくえと 地面のようす
○暑い季節	○夏の星	◎自由研究	○季節と生き物（夏）	06. 暑くなると
○夏の星	◎わたしの研究	04. 月や星の動き	○星の明るさや色	○夏の星
◎わたしの自由研究	05. 雨水と地面	05. とじこめた 空気や水	◎自由研究	◎わたしの研究
06. 月と星	06. 月の位置の変化	06. ヒトの体の つくりと運動	○季節と生き物（夏の終わり）	07. 月や星の見え方
○すずしくなると…	07. とじ込めた 空気と水	○秋の生き物	05. 雨水のゆくえ	08. 自然のなかの 水のすがた
07. 自然の中の水	○秋と生き物	07. ものの温度と体積	06. 月と星の位置の 変化	09. すずしくなると
08. 水の3つのすがた	08. ものの温度と体積	○冬の夜空	07. わたしたちの 体と運動	10. とじこめた空気と水
09. ものの体積と温度	09. ものの あたたまり方	○冬の生き物	○季節と生き物（秋）	11. 物の体積と温度
○冬の星	○冬の星	08. ものの あたたまり方	08. ものの温度と体積	12. 物のあたたまり方
科学者の伝記を読もう	○冬と生き物	09. 水のすがた	09. 季節と生き物（冬）	○冬の星
○寒さの中でも	10. 水のすがたの変化	10. 水のゆくえ	10. ものの あたたまり方	13. 寒くなると
10. ものの温まり方	11. 水のゆくえ	○生き物の1年間	11. すがたを変える水	14. 水のすがたと温度
11. 人の体のつくり と運動	○生き物の1年		○季節と生き物（春のおとずれ）	15. 生き物の1年を ふり返って

第２章は教科書内容の検討なので、必要に応じて、会社名を示しながら書き進めることにする。それぞれ、学校図書は「学図」、教育出版は「教出」、啓林館は「啓林」、大日本図書は「大日本」、東京書籍は「東書」と表す。また、学習指導要領については、2017年３月告示の『小学校学習指導要領解説　理科編』（文部科学省）を『理科編』と表す。

（1）単元の配列について

　４年生で学習する「物の性質の関連単元」には、単元相互に深い関わりがある。第１章の空気と水の性質のところでも述べたように、とじこめられた空気は空間をとる（体積がある）ので、押されたときにその体積が小さくなる。ここでは、物の体積や空気の体積についての基本的な理解が必要になる。

　温度による体積変化の学習では、空気や水を直接加熱するのではなく、湯や氷水などに入れて実験する。ここでは、温度が高い物と温度が低い物が触れ合っていると温度変化が起こってやがて同じ温度になるという、温度平衡についての共通認識が重要である。物のあたたまり方の単元で、この温度平衡を教えておきたい。物の温度と体積変化、温度と物の三態（水のすがた）は温度変化によって起こる現象なので、物のあたたまり方のあとで学習するような計画にしたい。

　このように、単元ごとの関わりを考えると、教科書の配列について検討することも大きな意味をもつ（教科書単元一覧表を参照）。

（2）生物関係単元

「季節と生物」

　どの教科書も季節ごとに単元を組み、四季の生き物のすがたをとらえるようになっている。たとえば、「東書」は「01. あたたかくなると」「06. 暑くなると」「09. すずしくなると」「13. 寒くなると」「15. 生き物の１年をふり返って」という単元名にしている。季節の表現ではなく、気温の変化と生き物の様子をとらえさせようという意図が感じられる。

　生き物を調べることによって、「暖かい季節と寒い季節によって違いがあること」をとらえさせるのだから、四季をとおしてこの観察が行われる。そして、各単元のまとめには、観察対象になった動植物の季節ごとの様子がまとめられている。このまとめを見ると、この単元でとらえさせたいのは、それぞれの季節で動物の活動や植物の成長の違いである。

　学習指導要領の内容の取り扱いに書かれている「1年を通して観察する」対象にしているのは、動物ではカマキリ、アゲハチョウ、カエル、ナナホシテントウ、ツバメ、ヒヨドリなど、植物では、サクラ、栽培植物としてはヒョウタン、ヘチマ、ツルレイシなどである。

　サクラは多くの学校に植えられているし、ヘチマは栽培すればよいが、オオカマキリやヒキガエルが見つけられないような地域では、それらの動物を実際に観察することはできない。この単元では、教科書に出ている動植物は例示ととらえて、それぞれの地域で実際に観察できる動植物を見つける必要がある。それぞれの地域で実際に観察できる動植物を選んで、それらの生活や成長のしかたが気温変化によってどのように変化するかをとらえさせたい。

　栽培については、ヘチマ、ヒョウタン、ツルレイシなどが示されている。これらのつる性植物の栽培も、気温との関係で成長のようすをとらえる学習という位置づけである。教科書に合わせてもよいが、学校園の実態に合わせて栽培する植物を選んでもよいのではないだろうか。

「動物のからだのつくりと運動」

　ここでは、「人のからだには骨と筋肉があること」や、「人がからだを動かすことができるのは、骨、筋肉の働きによること」を学ぶ。

　多くの教科書は、骨と関節から学習している。まず、腕やあしのつくりと動き方を観察して、筋肉や骨・関節の存在とからだの動きと筋肉の伸縮を教えている。骨格標本をつかったり、人体模型をつかったりして、筋肉と骨の役割をとらえさせるような工夫をしている。その後で、動物の骨と筋肉を写真や図で紹介している。また、資料として載せている内容もそれぞれの教科書会社の工夫が感じられる。動物の骨格を紹介している児童書もあるので、それらを活用して動物学習の幅を広げることもできる。

（3）地球・宇宙関連単元

「天気と気温」

　「大日本」と「啓林」は扱いが軽い。曇りの日と晴れの日の気温の変化を調べている。ほかの3社は晴れた日の気温の変化を調べ、曇りや雨の日の気温の変化を調べて比べている。子どもは朝より昼間の方が暖かいことは生活のなかで感じている。そのことをもとに、1日の気温変化を記録して朝と昼の変化を数量的に調べることは意味があることかもしれない。そして、晴れの日と曇りや雨の日では変化の仕方に違いがあることを学習することもよい。しかし、たった1回の記録だけで気温変化の規則性をま

とめるのではなく、少なくとも数回または数日の記録がほしい。自記温度計を使えば子どもの記録と自記温度計の記録と関連づけてとらえることによって、一般的傾向がでてくるだろう。ただ、気温の変化は天気だけの影響ではないことに注意したい。晴れていても寒気が来ると気温は下がるし、曇りでも湿った南風の影響などで気温が高くなることもあるからだ。

　教科書では比較的早い時期にこの単元を実施するようである。算数の教科書を見ると、折れ線グラフの学習は４月〜５月の単元になっている。どちらも似たような学習なので、関連させて学習できるとよい。

「雨水のゆくえと地面の様子」

　学習指導要領の改定を受けて、今回の教科書から入ってきた単元である。

　『理科編』を見ると、ここでの学習内容は次の２点である。

（ア）水は，高い場所から低い場所へと流れて集まること。

（イ）水のしみ込み方は，土の粒の大きさによって違いがあること。

　1958年版『学習指導要領　理科編』には、これとほぼ同じ内容を第２学年で学習していた。約60年前のことである。その当時は生活科という教科はなくて、１・２年生にも理科があった。生活科が新設されて低学年理科がなくなったために、かつては２年生が学習していたことを４年生が学習することになったのである。ただ、今回第４学年にこの内容が盛り込まれたのは、「自然災害」の理解につながるという位置づけがある。自分の身を守るという点から、多量の降雨によるがけ崩れや地すべりなどの土砂災害を知る学習には意味がある。

　教科書を見ると、「教出」以外は校庭に降った雨水がどのように流れていくかから学習が始まっている。雨水の流れを観察して、どちらかが低くなっていることをとらえるような構成になっている。その後、雨水が地面や砂場にしみこむ様子から、土（の大きさ）の違いとしみこみ方の関係を、実験を通して明らかにしようとしている。

　「教出」は地面にしみこむ雨水の様子から、校庭の土と砂ではしみこみ方が違うことを調べ、その後、地面を流れる水の様子を調べるようになっている。

　この学習のなかで、地面の傾きの調べ方にさまざまな工夫がみられる。転がりやすいビー玉を使ったり、物差しを使ったり、容器の中の水面の様子で傾きを調べたりしている。それぞれの教科書を比べながら、効果的な実験方法を考えてみたいものである。自然災害の扱いには違いがあるが、生活とのかかわりで雨水をとらえようという資料や読み物が工夫されている。

　「大日本」は、この単元を「雨水のゆくえ（自然界の水の変化）」として、蒸発、結露などを含めた一つの単元にしている。自然の中の水という視点でとらえると現象的

には一つの内容かもしれないが、一つの単元にして授業するとなると扱い方が難しくなりそうな気がする。

「水のゆくえ」

『理科編』によると、ここでは次の内容を教えることになっている。

（イ）水は，水面や地面などから蒸発し，水蒸気になって空気中に含まれていくこと。また，空気中の水蒸気は，結露して再び水になって現れることがあること。

「大日本」は、前述のように、「雨水のゆくえ」という1つの単元で、雨水の流れやしみこみ方を学習し、それに続けて水の自然蒸発、結露を教えている。

「啓林」は、「天気と1日の気温」「地面を流れる水のゆくえ」を一つの単元のように構成している。学習指導要領が「天気の様子」としてこの二つの内容をまとめているためと考えられる。

この学習内容だけを見ると、各社ともに、まずは水の自然蒸発をとらえさせ、続いて結露現象を確認するという学習の進め方である。そして、自然界の水の循環のような内容の読み物や資料を載せている。

この単元は、『理科編』にもあるが、「自然界での水の状態変化を捉えるために，第4学年「A（2）金属，水，空気と温度」の学習との関連を図るようにする」必要がある。温度との関係で液体の水が気体の水（水蒸気）になることを学習した後でこの単元に入ることが望ましいと思うのだが、これが逆転している教科書もある。学習の順序を入れ替えることが可能なら、「水の3つのすがた」の後に「水のゆくえ」を学習するように入れ替えたい。

「月と星」

どの教科書も、「夏の星」で星座や星座早見の使い方を指導している。夏休み中に星座を観察する機会があれば見てほしいという意図があるのだろう。また、星そのものや星座に関心をもつようにしたいということもあるだろう。この考え方には賛成である。少しでも関心をもって夜空の星や月を見てもらいたいものである。

夏休み以後になると、「東書」、「大日本」、「啓林」は「月や星の動き」という単元で、月の動きと星の動きの両方を学習するようになっている。「学図」、「教出」は、「月の動き」だけを夏休み直後に扱い、「冬の星」で星の動きを教えるようにしている。どちらが教えやすいかは一概には言えないが、実際に観察しやすい星座が見られる時期を選ぶ必要はあるだろう。

月や星の動きは、周りの建物や電柱などの絵を使いながら表現することになる。1日のうちの変化は1時間前後の違いを1枚の絵に記録すると変化がわかりやすい。

この単元は、さまざまな資料や読み物が載せられている。星座の名前の由来、星の色の違いと温度、星の明るさの説明などである。参考になるものもたくさんあるので、それらも使いながら子どもに興味をもたせたり学習の幅を広げたりできるとよいだろう。

（4）物の性質の関連単元

「電気のはたらき」

ここでの学習内容は、「乾電池の数やつなぎ方を変えると，電流の大きさや向きが変わり，豆電球の明るさやモーターの回り方が変わること」（『理科編』）である。ここでは「電流の向きと大きさが変わる」ことによって「豆電球の明るさやモーターのまわり方が変わる」ことをとらえさせるのだが、電流についてはどのように書かれているだろうか。「学図」は「回路を流れる電気の流れを電流といいます」、「教出」は「電気の流れのことを電流といいます」、「啓林」は「乾電池で回路をつくると、乾電池の＋極からモーターを通って乾電池の－極へ電気が流れます。回路を流れる電気の流れを電流といいます」、「東書」は「乾電池とモーターをつなぐと、回路ができます。回路ができると、回路に電気が流れて、モーターが回ります。この電気の流れを電流といいます」、「大日本」は「かんでんちの＋極と－極にモーターの導線をつなぐと、回路に電気が流れ、モーターが回ります。回路に流れる電気を電流といいます」。どの説明が子どもにとってわかりやすいだろう。

乾電池の直列つなぎの図は子どもにとってそれほどわかりにくいとは思えないが、並列つなぎの図はとても分かりにくいものがある。さまざまな並列つなぎの図を示すことができるが、子どもにとってわかりやすい図にしたい。

この単元では乾電池の並列つなぎと直列つなぎの違いが学習の中心だが、実際の学習場面では、複数の豆電球やモーターを使うことも扱いたい。豆電球やモーターを複数個使った回路を資料として紹介することによって、回路についての理解の広がりを期待したい。

これまで、光電池についても４年の学習内容とされていたが、光による発電という考え方で光電池の扱いは第６学年に移行された。

「空気と水」

空気については、かつては低学年理科や３年生に空気でっぽうという単元があった。しかし、今では４年生になるまで空気のことを学習する場はない。

『理科編』によると、この単元では次の２点を学習することになっている。

「（ア）閉じ込めた空気を圧すと，体積は小さくなるが，圧し返す力は大きくなること。

（イ）閉じ込めた空気は圧し縮められるが，水は圧し縮められないこと。」

　これを受けて教科書には「空気は、おされると（力を加えられると）、体積が小さくなる」のようなまとめが書かれている。しかし、子どもたちは（とじこめられた）空気に体積があることを学んでいないし、それ以前に、物の体積について「物には体積があり、一定の空間を占有する」ということも教えられていない。

　体積の学習に関わる学習指導要領の記述を見ると、算数で液量のかさ（体積）を学習するが、実際には水量のはかり方の学習でしかない。また、『理科編』2008年版には、3年の理科で「物は、体積が同じでも重さは違うことがあること」を学習するようになっている。その単元には体積について、「物の大きさのことを体積といいます」などの言葉の置き換え説明があるだけで、これでは十分とはいえない。

　これらのことから、「空気と水」の学習内容に「（とじこめられた）空気に体積がある（＝場所をとる）」の学習を位置づける必要があると考える。

　4年生の子どもたちは、この後、「物の温度と体積」という単元に取り組む。そこでは空気の温度が変わると体積が変わることを学ぶが、温度による空気の体積変化の前提として「空気には体積がある」という理解が必要になる。このように、「物の温度と体積」という単元とのつながりからも、「（閉じ込められた）空気の体積」の学習は欠かせない内容である。

　この単元で、圧し縮められた空気を想像して絵に表すという扱いがあるが、子どもたちは粒子以外の表現をすることも考えられる。無理に押しつけず柔軟な扱いにとどめておきたい。

「物のあたたまり方」

　物のあたたまり方は、金属，水，空気のあたたまり方を学習する単元である。そのなかで、金属は、熱せられたところから順にあたたまっていき、やがて全体があたたまる。水や空気は、あたためられると上に動き、それによって、それまで上にあった水や空気は、下に動いて、全体があたたまることを学ぶ。

　物のあたたまり方のもっとも基本になるのは、伝導によるあたたまり方で、金属（固体）は「熱源から順に温度が高くなる」ということにあたる。水（液体）や空気（気体）のあたたまり方に書かれている対流という現象も、高温の熱源によって熱源付近の水や空気の温度が上がるという点では固体のあたたまり方と同じである。ちがうのは、液体や気体は温度が高くなると密度（単位あたりの重さ）が小さくなって上昇するという点である。だから、まずは伝導によるあたたまり方の学習が大事になってくる。

　この単元で水や空気の対流を教えることになっているため、学年の最後の方にでている教科書が比較的多い。しかし、単元の配列のところでも書いたが、あたためられ

た結果、温度が高くなって体積が大きくなることやすがたが変わることを、4年生では学習するので、物の温度と体積や水の3つのすがたの前にこの単元を学習しておきたい。

「物の温度と体積」

　どの教科書もこの単元の流れは、空気　→　水　→金属の順になっている。金属の体積変化では金属球膨張実験器を使っているが、空気や水の体積変化では試験管、丸底フラスコなどが使われている。

　物の温度と体積のような単元名なのに、実験のなかで温度を調べないのはなぜだろう。試験管の中の空気や水の温度を直接計ることができない。しかし、試験管を湯に入れたり氷水に入れたりするときに、湯や氷水の温度を調べることはできるのだから、それだけでも調べるようにしたい。教科書には（60℃〜70℃）と書かれているが、実験の前に児童が実際に調べるだけでよいのである。また、60℃ぐらいの湯に空気を入れて綿でふたをした試験管を入れると、中の空気の温度が高くなっていくことを実際にはかって示すこともでき、有効である。

　水や空気の体積を数量的にとらえることを考えると、実験器具として、目盛りがついた注射器（または浣腸器）を使う方がよい。体積が大きくなったり小さくなったりしたことを数量的にとらえることができるので、授業ではぜひ注射器を使いたい。教科書では「空気と水」の単元では注射器が使われているので、それとの関わりでも、注射器の使用は有効と考える。

　金属の温度が高くなると体積が大きくなるかを学習するとき、いきなり実験用ガスコンロなどで加熱するのではなく、まずは空気や水の温度を高くしたときのように高温の湯に入れるという方法をとっている教科書がある。こういった手順を踏むことによって、金属球はもっとずっと高温にしないと体積が大きくならないことを印象深くとらえることにつながるだろう。

「水のすがたとゆくえ」

　『理科編』には、「水は、温度によって水蒸気や氷に変わること」とあるので、この単元では温度による水の状態変化を学習することになっている。

　ここに書かれている水蒸気や氷というのは、水の気体や水の固体であって、水という物質に変わりはない。ここでは、「液体の水は温度によって気体（水蒸気）や固体（氷）の水に変わること」とした方が、水という物質が、その状態（すがた）が変わるという本質的な学習になるだろう。

　常温で液体の物質で、温度によって気体や固体にすがたを変えるのは水だけではな

い。アルコールも灯油も温度によってすがたが変わる。常温では固体の鉄も、その融点を超えるぐらいの高温になれば液体になり、沸点以上の温度では気体になる。『理科編』では「水は……」となっているので、教科書では水以外の物質を学習の対象にはしていない。しかし、教科書の資料や発展には、アルコールの気化実験を載せている教科書もある。これは、小学校の理科室でも実際に実験できる。教師による実験でもよいので、注意を払いながらぜひとり入れたいものだ。また、金属も液体になる例として液体になった真ちゅうの写真を紹介している教科書もある。どうせなら、液体になったスズとスズ製品の紹介がよかった。金属のなかでも比較的融点が低いスズを液体にする実験は、小学校の理科室で可能だからだ。資料や発展だけでなく、実験にも教科書会社の工夫が見られるのは嬉しいことだ。

　前回の学習指導要領の改訂から、「水が氷になると体積が増えること」が追加された。たしかに、水は氷になると体積が増えるが、これは水だけの特性で、他の物質は液体から固体に変化すると体積が減少する。水についてだけ学習していたのでは他の物質も液体から固体になると体積が増えると思ってしまうだろう。この単元では、水以外の物質も扱うなかで温度と物の状態との関係をとらえる学習にしていきたい。

（5）教科書に示された「理科の学び方」

　教科書に、学習の進め方や理科の学び方のようなページが載るようになったのは2008年告示『理科編』を受けてつくられた教科書からであるが、今回の教科書から、その扱いが大幅に増えた。

　どの教科書でも、「みつけよう」「しらべよう」「まとめよう」や、「つかむ」「しらべる」「まとめる」などの学習の仕方を書いた項目があり、「しらべる」の項には「予想しよう」「計画を立てよう」「実験・観察」「考えよう」などの学習活動が示されている。表現方法や項目ごとの内容は違っても、4年ではこのような学習を行うとしている。

　授業にはある程度の基本的な運営方法や授業パターンがあるだろう。しかし、1時間1時間の授業をすべてその授業スタイルに合わせるようなことは好ましいことではない。学習する内容によって「予想」する場面をつくらないこともある。実験によって得られた結果は1つの大事な事実であり、実験結果からすぐに結論が出るような場合には「考えよう（考察）」はいらないこともある。授業をある1つの型にはめ込むようなことはあってはならない。

第 **3** 章
授業をどのように進めるか

（1）単元目標を明確に

　教師が授業をするときには、まずは、そのひとまとまりの単元で、子どもたちにどんな力をつけさせるかはっきりさせることが重要である。これを単元目標とか具体的内容と言っている。「電気のはたらき」の単元でいうと、単元目標は「回路にたくさんの電流が流れると、モーターが速く回ったり豆電球が明るくついたりする」になる。2個の乾電池を直列につなぐと豆電球が明るくなったりモーターが速く回ったりするが、並列につなぐと豆電球の明かりもモーターの回転も乾電池1個のときと同じぐらいである。

　この単元目標は次の具体的内容を学習することをとおして獲得できると考える。
（1）電気の通り道（回路）ができると、豆電球が点灯する。
（2）豆電球や乾電池のつなぎ方には直列つなぎと並列つなぎがある。
（3）電気が多く流れると、豆電球が明るくなったりモーターが速く回ったりする。
（4）電気の通り道（回路）にスイッチを付けて電気の流れを入れたり切ったりする。

　この4つの具体的内容は、教科書でいう小単元の目標と考えてよいだろう。子どもたちは、学習をとおして、各小単元の目標を具体的にとらえる中で、「電気のはたらき」という単元全体の単元目標を獲得していくのである。

（2）教材と学習課題づくり

　具体的内容は、具体的とは言ってもまだまだ抽象的である。「電気の通り道（回路）ができると、豆電球が点灯する」という具体的内容は、豆電球はフィラメントが明るくなることで光って見える、豆電球の中も回路の一部である、ソケットの導線からソケットの中をとおってフィラメントに電気がとおっている、という事実の学習によってとらえることができる。これらの事実を教材と呼んでいる。一般には、フラスコや試験管、ガスバーナーなどを教材とよぶことがあるが、それらは教具であり（岩波小辞典　教育　第2版参照）、教材と区別しておきたい。

　教材は、子どもたちが学習する事実だが、実際の授業においては、学習課題を解決

することをとおしてその内容が獲得できるようにする。そのためには、子どもにとって考える意味が感じられるような学習課題文を教師が吟味して作る必要がある。学習課題の文言一つで、子どもの考えがストレートに課題に向かうこともあるし、何をどう考えたらよいのか困り果ててしまうこともある。つまり、学習課題の善し悪しがその１時間の学習の質をも左右することになるのである。子どもたちがそれまでに学習してきた内容や既習経験などをつかって取り組める学習課題をつくることは教師の大事な役割である。

（3）授業のなかで「書くこと・話し合うこと」は

　学習課題が提示されると、子どもたちは「はじめの考え」を書く。学習課題にたいして、自分がどう考えるかをもつことになる。「はじめの考え」だから、そのあとの話し合いで、友だちの意見を聞いて考えを変えることもできるし、自分の考えとは違う考えを付け加えて内容を豊かにすることもできる。

　はじめの考えやその理由を出し合った後で、「友だちの意見を聞いて」として、話し合い後の自分の考えを書き、実験にのぞむ。だから、実験では、一人ひとりが自分の考えがどうだったかを調べることになる。

　実験のあとは、「実験したこと、確かになったこと」を書く。「実験したこと」は、グループ実験や児童実験では実験の様子と結果にあたる。教師が行う教師実験でも、自分の考えを調べるための実験なので、自分は操作していなくても、同じように「実験したこと」とする。「確かになったこと」は、実験の様子とその結果から、学習課題にもどってどんなことが確かになったのかを一人ひとり自分が考えて書く。「わかったこと」ではなく、「たしかになったこと」としているのは、新しくわかったことはなくても、たしかになったことは必ずあるという考えからである。

　理科の授業のなかでの書き綴る活動や話し合いは、自分の考えをはっきりさせ、そのあとの話し合いで友だちの意見から多くを学ぶことにつながる。話し合いで、自分の意見を言うときには論理的に言うように意識するし、友だちの意見を聞くことは、自分の考えと比べながら聞くことになり、子どもの論理的思考力を伸ばすことにもなる。また、考えたことを書くことや、話し合うことは、一人ひとりが自分の頭を整理することになり、知識の定着にもつながる。

　理科というと、とかく実験すればよいと思われがちだが、書くことや討論することが理科の学力を育てるうえで大きな役割を果たしているのである。

（4）１時間の授業をどう進めるか

それでは、１時間の授業はどのように進めたらよいか、１つの例を挙げて示すことにする。

> **「電気の通り道」の授業** 第２・３時 回路②
> 【ねらい】回路は１つながりの輪になっている。

回路という言葉は３年の理科の教科書に書かれている。「電気の通り道が１つのわのようになっていると、電気が通ります。わになっている電気の通り道を回路といいます。」（大日本）のように、各社ともに「輪になっている」ことを示している。しかし、電気の通り道が「輪になっている」ことは定着していないようである。そこで、３年で学習している内容ではあるが、４年の学習にとって、さらには電気学習にとって大事な概念なので、「輪になっていないと回路にならない（電気はとおらない）」という使える知識としての「回路」をとらえさせたい。

展　開

※　１〜２人に、前時のノートを読ませる。

子どものノート例

> 今日は、豆電球の中を虫眼鏡で見て、電気がどこを流れているか調べました。電気はかん電池の＋極からソケットの導線をとおって、豆電球のへそを通って、フィラメントに電気が流れて、豆電球のねじをとおって、ソケットの導線に行って、かん電池にもどりました。豆電球の中を初めて見ました。

① 　学習課題は実物を示しながら具体的に提示する。

　Ｔ：前の方に集まって。

　　（教卓の周りに児童を集めて課題を出したり、話をしたりすることはよくあるので、教卓から１m以上近づかないなど、集まり方も決めておくとよい。）

　Ｔ：豆電球をソケットに入れます。ソケットの２本の線は？（Ｃ：導線）

　　導線を乾電池の＋極と−極につけるとどうなる？（Ｃ：明かりがつく）

　　明かりがついたね。もう１個の乾電池につないでも明かりがつくね。

　　では、今使った乾電池を離して固定します。

　　（15cmほど離して右のようにダンボールに

　　固定する）

　Ｔ：右の乾電池の上は何極？　（Ｃ：−極）

　　左の乾電池の上は？　（Ｃ：＋極）

　　さっき使った豆電球付きのソケットの導線を

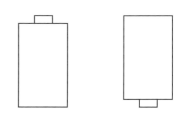

　　右の乾電池の−極と左の乾電池の＋極につなげると、豆電球に明かりはつくでし
ょうか？

　　質問はありませんか？

（質問があったら、それに答える。質問がないときは、課題の確認をする）

問題の意味、わかった人？

（全員が挙手していることを確かめて課題を板書する）

（児童数が多い学級だと課題提示に使った実物が見えにくいこともある。そんな場合
は、図に表したり教材提示装置を使ったりして全員が見えるようにする工夫が必要
である）

課題②

　　右図のように２個の乾電池のそれぞれの＋極と−極にソケッ
トの導線をつないだら、この豆電球に明かりはつくだろうか。

（なかなか書きはじめない子がいる場合は、「明かりはつくと思
う？つかないと思う？どっちか困ってるのかな？」「どっちか決
められないなら、そのことを書くといいよ」などの個別対応も
必要である。）

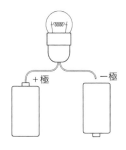

② 「はじめの考え」を発表する。

　Ｔ：まだ書いている人もいるようだけど、はじめの考えを聞いていきます。

板　書

> 豆電球に明かりはつく・・・・（11 人）
> 明かりはつかない・・・・・・（24 人）
> 見当がつかない・・・・・・・（３人）

　Ｔ：これで全員だね。見当がつかない人から、考えたこと言えるかな？

　　（見当がつかないという子がいたら、その子の意見から聞き、次に人数の少ない考
　　えの子から順に発言できるようにする。見当がつかない理由のなかには、その時
　　間に考えさせたい内容が含まれていることが多いからである。また、少数意見か
　　ら発言させるのは、その方が意見を言いやすいからである。）

　Ｃ１：私は見当がつきません。１つの電池に＋と−につなぐとつくし、違う電池に
　　付けてもそれでも回路ができていると思うからです。でも、２個の電池はつなが
　　ってないから見当がつきません。

　Ｔ：見当がつかないという人で、ほかの理由は？（Ｃ：挙手なし）

　　では、明かりがつくと思う人？

C2：いつもつくときと一緒。＋と－についているから明かりはつくと思う。

C3：今の意見と同じで、豆電球に明かりがつくと思う。豆電球に明かりをつける
　　ときに、電池のところにソケットをつけるから。

T：11人の人、どう？

C4：つくと思う。＋極と－極につけているから明かりはつくと思う。

T：他の人も同じ理由かな？○○くんうなずいているね。違う理由の人いるかな？
　　（Cの挙手がないので）では、明かりはつかないという人、どう？

C5：ぼくはたぶんつかないと思う。理由は1つの電池に1本の導線がついていな
　　いから、予想では、1つの電池につなげなきゃいけないと思うからつかないと思
　　う。

C6：前に出て説明してもいい？　それぞれの乾電池の下の－極と＋極で導線がつ
　　ながってないから。

Cたち：同じです

C7：それぞれの乾電池の下の部分で導線がつながっていないから回路になってい
　　ないから明かりはつかないと思います。

T：明かりがつくという人は、乾電池の＋極と－極につながっているからとか、回
　　路ができているという理由でした。明かりがつかないという人は、回路になって
　　いないから明かりはつかないと言っています。黒板のようにつなぐと回路ができ
　　ているという人とできていないという人がいるのです。どちらなのでしょう。

C8：ぼくはつかないと思います。理由は電池の下の部分がつながっていなくて回
　　路になっていない。回路は電気の通り道で、回路は丸くなっていなくちゃいけな
　　い。回路は電気の通り道で、途中で切れていたら回路になっていないし、たとえ
　　ば回路ができていなければ道路が途中で止まって車が通れないのと同じで、回路
　　になっていなければ電気が流れることができないから豆電球に明かりはつかない
　　と思う。

C9：いやー。つかない。今の意見で、道路が途中で止まったら車が通れないって
　　言ってて、回路がなければ電気は通らないから1個の豆電球を＋と－につなげて
　　いるけど、もう一つのところをつなげないとつかないと思う。

C10：つかないと思います。理由は回路にならないと電気はつかなくて（教師
　　「明かりはつかない」だね）乾電池の下のところが切れてしまっているから電池と
　　電池をつなげば明かりはつく。

C1：私は見当がつかないから明かりはつかないに変わります。やっぱり、下がつ
　　ながっていないと回路になっていないと思います。

C11：ぼくはつかない。理由はみんなと同じだけど、回路がつながっていなけれ

ば−極にいく道がないからつかないと思う。

C12：乾電池と導線と豆電球がグルッとつながっていないと回路になっていない
から、明かりはつかないと思う。黒板のは、グルッとつながっていなくて、下が
あいてるから明かりはつかないと思う。

C13：ぼくは、はじめは明かりがつくと思ったんだけど、つかないになる。グル
ッとつながっていないと電気が通らないと思ったから。

（通常はここで「友だちの意見を聞いて」として、話し合った後の自分の考えを
書くのだが、この時間の授業ではこの後の作業に時間がかかるので、「友だちの意
見を聞いて」を書かないことにしたが、意見が変わった子がいるようだったので、
それだけ確認した。）

板　書

> 豆電球に明かりはつく・・・・・（11人）→話合い後（6人）
> 明かりはつかない・・・・・・（24人）→話合い後（30人）
> 見当がつかない・・・・・・・（3人）→話合い後　（2人）

T：ほかに意見はありませんか？
　では、豆電球に明かりがついたら、どんなことがわかる？　明かりがつかなかっ
たらどんなことがわかる？

C：明かりがついたら、別々の乾電池の＋極と−極につながっても回路ができてい
る。

C：つかなかったら、下の導線がつながっていなくて、輪じゃないからつかない。

C：グルッと輪になっていないと回路になっていないから、つかない。

（実験でわかるのは豆電球に明かりがつくかつかないかという現象である。その
現象からどんなことがわかるかは、話し合いのなかの子どもの意見から考えられ
る。）

③　**教師による演示実験をする。**

課題を提示したときに実験方法まで示してあるので、そのとおりに行う。

この授業の場合は、片方つながっていなかった導線を乾電池の−極につけるだけで
ある。豆電球に明かりはつかないことがわかる。

次に、豆電球の明かりをつけるにはどうしたらよいかを問う。話し合いのなかで子
どもから出された「もう一つのところをつなげないとつかない」という意見から、つ
ながっていない乾電池の＋極と−極をつなげば明かりがつくだろうという方法とその
理由を考えさせる。「下をつなげば回路になるから」「下にも導線をつけてつなげば回
路ができるから」などの意見が出てくるだろう。

④　グループ実験をする。

　各グループに、教師の演示実験と同じように段ボール板に貼り付けた実験道具と、豆電球2個、ソケット2個、導線1本を配る。

　まずは教師がやった実験を追試させ、明かりがつかないことを確かめる。次に、2個の乾電池のつながっていない＋極と－極を導線でつないで明かりをつける。

　これだけでもよいのだが、もう一つのソケットと豆電球を使うことを考えさせて、さっきつないだ導線の代わりに豆電球付きソケットでつなぐことに気づかせる。各グループで2種類のつなぎ方を試させ、明るさの違いにも目を向けさせたい。

　最後に、課題の図と明かりがついた図（2種類）を黒板に書き、電気の通り道をなぞらせることによって、回路のイメージを明確にしたい。

⑤　「実験したこと・確かになったこと」を書く。

　実験が終わったら、一人ひとりが自分の言葉で「実験したこと・確かになったこと」を書くようにする。このときも、教師は子どものノートを見ながら、何をどのようにとらえたのか把握するように努める。

　一人ひとりの子どもが書いた「実験したこと・確かになったこと」を読むと、1時間の授業で子どもたちがどのように考え、最終的に何を理解したかがわかる。

子どものノート例　①

> 　今日の課題では、私は回路ができていないから明かりはつかないと思いました。人の意見を聞いて、豆電球に＋パワーと－パワーが行けばつくと思ったから意見を変えました。実際にやってみたらつきませんでした。それは、回路ができていなかったからだと思いました。プラスとマイナスに導線をつけても明かりがつかないことが確かになりました。
> 　電池のつながっていない方を導線でつないだら明かりがつきました。いつもより明るかったです。やっぱり回路ができないと電気がとおらないし明かりがつかないということが確かになりました。　（ＴＫＴさん）

　ノート例①のＴＫＴさんは、電気の通り道としての回路ではなく、電池からの＋パワーと－パワーで豆電球に明かりがつくと思っていた。しかし、今日の授業で「回路ができていないと明かりがつかない。回路ができれば明かりがつく」ことがわかったようだ。

子どものノート例　②

> 　今日やったことは、電池2本とソケットと豆電球で明かりはつくのかを実験しました。私の予想は、はじめつくと思ったけど、みんなが回路になっていないと言っていたので、つかないに変えました。やってみると、つきませんでした。たしかになったことは電池が2個あってもつかないということでした。　（ＡＩさん）

　ノート例②のＡＩさんは、今日の学習で回路についての理解が深まったとは言いがたい。明かりがつかなかったときの図、また明かりがついたときの図も書かせて１つの輪になっていないことをとらえさせ、回路をたどらせるとよいだろう。

子どものノート例　③

> 　今日は、豆電球がついている１個のソケットの導線２本を、それぞれ別々の２個のかん電池の＋極と－極につなぐと、豆電球に明かりがつくか考えました。ぼくは、はじめはつくと思ったけど、グルッと全部がつながっていないからつかないという意見でつかないかもしれないと思った。実験してみると、明かりはつかなかった。やっぱり輪になっていないからつかないんだと思った。つながっていない下のところを線でつないだら輪になって明かりがついた。下もソケットでつなぐと明かりがついた。ソケットも回路になっているから明かりがついた。　（ＭＲＴ）

　ノート例③のＭＲＴ君は輪のことを強く意識している。回路ができているということは、グルッとつながっていることをとらえている。この授業をとおして回路の理解が深められている。

つけたしの実験

　前ページのＴＫＴさんのように、「＋パワーと－パワーで豆電球に明かりがつく」と思っている子どもは、いろいろな方の授業報告のなかにも登場する。３年生で回路という言葉は学習するが、３年の学習の中心は「電気をとおすものととおさないものがある」なので、回路については十分な学習が行われていない。また、なぜか、ＴＫＴさんのように、＋極と－極の両方から同じようにパワーが来て明かりがつくと思っている子もいるので、回路についての誤解を解く必要があると考えて次の実験を行うことにした。

　電池の片方の導線が長い回路でも、豆電球に明かりはつくだろうか。

　はじめは、短い線を＋極につなぎ長い方を－極につなぐ。すると、つけた瞬間に明かりがつく。こんどは、長い線を＋極につなぎ短い方を－極につなぐ。明かりがつくまで時間がかかると考える子もいるだろう。しかし今回もつないだ瞬間に明かりがつく。そして、どちらも同じぐらいの明るさであることも確認できる。

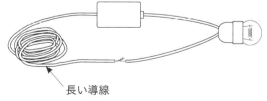

長い導線

第 4 章

年間指導計画はこうしたい

　4年生の理科学習には、「季節と生物」のように、それぞれの季節にならないと学習できない単元がある。「月や星」や「雨水のゆくえと地面の様子」のように、観察に適した星座や降雨の時期など、学習時期が制約される単元もある。年間計画を立てる際にはこれらの単元をどの時期に学習したら良いか考えなければならない。

一方では、第1章や第2章に書いたように、相互につながりが深い単元がある。それらのつながりと学習順序を考慮することは非常に重要である。本書では、「空気と水」→「もののあたたまり方」→「物の温度と体積」→「水の3つのすがた」→「水のゆくえ」の順に年間計画を立てた。それぞれの単元で学習した内容が次の単元の学習に活用されるようにした。

　実際には、各学校・各学年（個人）で年間計画を立てるときには、地域性や学校行事、学年行事などに配慮しながら立てるだろうが、そのときにも、学習時期や単元配列の順序も十分考慮して立てる必要がある。

4年理科　年間指導計画案（86時間）

月	単元名 (時間)	学習活動の内容	備考
4	1.◎季節と生物① （あたたかくなる頃）(3)	1．校内のサクラの観察 2．花のつくり 3．校庭の自然観察	観察用野草園があるとよい。
5	2.1日の気温の変化 (3)	1．晴れた日の気温変化 2．曇りの日の気温変化 3．1日の気温の変化と天気	自記温度計で事前に記録をとる。
6	◎季節と生物② （ヘチマの栽培）(2)	1．ヘチマのたねのスケッチ 2．ヘチマのたねまき 　　以後、成長のポイントで観察。	ツルレイシ・ヒョウタンでもよい。
	3．電気のはたらき (9)	1．回路 　①豆電球も回路の一部	

月	単元名（時間）	学習活動の内容	備考
7		②回路ができると明かりがつく 2．電気の量と豆電球の明るさ 　①直列つなぎと豆電球の明るさ 　②並列つなぎと豆電球の明るさ 3．電気を使ったおもちゃ作り	
	4．体のつくりと 　運動（8）	1．骨と関節 　①骨の役割 　②骨と関節の役割 2．筋肉のはたらき 　①体を動かす 　②骨と筋肉・関節 3．動物の骨と筋肉	
	◎季節と生物③ （暑くなる頃）（3）	1．ヘチマの変化 2．サクラの変化と野草の変化 3．ヘチマの花の違い	
	5．★月と星① （夏の星）（2）	1．星座早見づくり 2．星座早見の使い方と夏の星	家庭での星座観察を課題に。
9	★月と星②（3）	1．月の見え方と動き 　①月の見え方（月の満ち欠け） 　②月の動き 2．星座の見え方と動き	
10	6．雨水のゆくえ 　と地面の様子 　（4）	1．雨水の流れ 2．土の違いと水のしみこみ方 3．道路に降った雨水の流れ 4．雨水と水害	
	◎季節と生物④ （涼しくなる頃）（2）	1．ヘチマの実 2．校庭の野草の変化	

月	単元名（時間）	学習活動の内容	備考
11	7．空気と水(12)	1．物の体積 2．空気の体積 3．空気と水の圧縮性 　①空気は押し縮められるが、水はおし縮められない。 　②空気をボンベに押し込む 4．空気の重さ 　①空気の重さ 　②空気1Lの重さは約1.2g 5．空気の圧縮性を利用したおもちゃ	
	◎季節と生物⑤ （寒くなる頃）(2)	1．サクラ・野草の変化 2．ヘチマの変化	
12	8．物のあたたまり方(8)	1．固体の金属のあたたまり方 　①金属板のあたたまり方 　②金属棒のあたたまり方 2．液体の水のあたたまり方 　①水の対流現象 　②水のあたたまり方 3．気体の空気のあたたまり方 　①空気の対流 4．温度が違うものがふれあっているときの温度変化 　①水と湯の温度変化 　②湯と空気の温度変化 　③氷食塩寒剤と空気の温度変化	
	★月と星③ （冬の星）(1)	1．冬の星座と星の色 　①オリオン座の動き 　②星の色の違い	
1	9．物の温度と 体積(8)	1．気体の空気の温度と体積 　①気体（空気）の収縮 　②気体（空気）の膨張 　③気体（空気）の膨張率	

月	単元名（時間）	学習活動の内容	備考
2		２．液体の温度と体積 　①液体（水）の膨張 　②液体（水）の収縮 　③液体（アルコール）の膨張・収縮 ３．固体の金属の温度と体積 　①固体の膨張	
3	10．水の3つの 　　すがた（11）	１．液体　⇄　気体の変化 　①アルコールの液体⇄気体の変化 　②水の液体⇄気体の変化 　③水の沸点測定 　④ブタンの気体⇄液体の変化 ２．液体　⇄　固体の変化 　①酢酸の液体⇄個体の変化 　②水の融点測定と体積変化 　③スズの固体⇄液体の変化 　④食塩の固体⇄液体の変化 ３．液体　⇄　固体の体積変化 　①ろうの状態変化と体積変化 ４．物の温度と物のすがた	
	11.水のゆくえ(4)	１．水の蒸発① ２．水の蒸発② ３．結露 ４．水の循環	
	◎季節と生物⑥ （暖かくなる3月） 　　　　　　(1)	１．校庭の野草やサクラの観察 ２．サクラの一年、校庭の野草の一年	

第5章
こんな授業にしたい

　4年生の理科の授業は、次のように考えている。

（1）目標の明確化…単元の学習によって子どもにとらえさせたいことは何かを明確にする。

（2）学習課題の吟味…単元の目標をとらえさせるための1時間ごとのねらいをはっきりさせ、子どもに示す学習課題を吟味する。

（3）実験・観察…わかりやすい実験や観察を工夫する。

　そして1時間の授業運営は次のように進めている。

① 具体物を示しながら課題提示

　よく吟味した学習課題を、全員の子どもがとらえられるように、実験器具などの具体物を示しながら、提示する。

② 子どもたちの考えを把握

　子どもが課題にたいする考えをノートに書いているときに、ノートを見て学習課題にたいする子どもたちの考えを把握する。

③ 話し合い（意見交換）

　子どもの考えを出し合うことによって、実験の視点や実験結果から何がわかるかをはっきりさせる。意見交換後に、「人の（友だちの）意見を聞いて」を書かせ、話し合い後の課題にたいする考えをはっきりさせる。

④ 実験・観察

　個人実験、グループ実験、または教師実験を行い、課題を解決する。

⑤ 「実験したこと・確かになったこと」

　どんな実験をしたか、その実験事実からどんなことが確かになったかを自分の言葉で書かせる。「たしかになったこと」には、自分にとって確かになったことを自分の言葉で書くようにする。教師がまとめを言ったり黒板に書いたりしない。

1．季節と生物

【目標】

（1）サクラは、気温の変化によって様子が変わる。

（2）ヘチマは、たねから発芽し、成長してやがて枯れる。

（3）ヘチマには雄花と雌花があり、雌花が熟してヘチマの実ができる。

（4）学校にはいろいろな野草がはえている。

（5）学校にはいろいろな野鳥や虫がいる。

【指導計画】 13時間

　授業では、教師がぜひとも出会わせたい内容にしぼり、年間計画を立てる。

（1）春の自然観察とサクラの継続観察‥‥‥‥ 3時間

　　観察する視点を明確にする。

（2）気温の変化とヘチマの成長‥‥‥‥‥‥‥ 6時間

　　①ヘチマの種まき（4月中頃）

　　②本葉が数枚出た頃（5月中頃）

　　③支柱が必要になる頃

　　④雌花が咲き始める頃

　　⑤実が育つ頃

　　⑥枯れ始める頃

　　⑦枯れた後

（3）気温の変化と校庭の生き物‥‥‥‥‥‥‥ 4時間

　　ヘチマの観察時期に合わせて校庭の生き物観察をする。

【学習の展開】

1．春の自然観察（5時間）

第1時　サクラの観察

ねらい　校庭のサクラを観察する。

準備

・事前に校内のサクラの状態を把握しておく。

37

展開

① 「今日は、校庭のサクラを観察します。4年生になってから、校庭のサクラのことでどんな様子が見られましたか」と観察する前に、気づいたことを発表させる。「花が咲いてたけど、散っちゃった」「花びらがきれいに散ってた」「スズメがいた」など、どんなことでも良い。「では、今日はどんな様子が見られるか見に行こう」といって校庭に出る。

板書

○月○日　校庭のサクラ
・花びらがたくさん落ちていた
・小さい葉が出ていた
・花もさいていた
・太いみきにも花がさいていた

② 校庭に出たら、「さっきと同じように。見つけたことを発表しましょう」と呼びかける。すると、時期によっては「葉が出てきた」「花がほとんどない」などが出されるだろう。それらをもとに、サクラ観察の1回目にする。

③ 毎日の朝の会で「サクラの様子」を日直が発表することを全員に伝える。サクラの木だけでなく、木のまわりの様子で気がついたこと、「毛虫がいた」「鳥が来ていた」なども報告するように伝える。教師のサクラ観察を朝の会で発表することもできる。

④ ○月○日のサクラの様子を、自分の言葉で書かせる。

ノートに書かせたいこと

○月○日　サクラを見に行ったら、花びらが散っていて残っている花が少なかった。小さい緑色の葉が出ていた。

※ サクラの記録、校庭の生き物の記録は来年3月にまとめるので、大切には保管しよう。

第2時　めしべ・おしべの観察

ねらい　花にはめしべ・おしべ、花びら、萼などがある。

準備

・アブラナの花（またはショカッサイなどのおしべとめしべがはっきりしている花）を人数分
・教材提示装置（またはテレビ）　・虫めがね（全員分）

展開

① アブラナの花を1人に1個ずつ配って、むしめがねで観察させる。まず、花びら、がくを確認し、続いて花の中を観察させる。

② すると、7本の棒があることがわかる。真ん中にあ

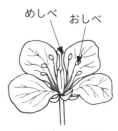

めしべ　おしべ

アブラナの花

38

るのがめしべ、その周りにあるのがおしべと教え、名前を板書する。

③ おしべは複数あること、おしべの先端にある葯にさわって花粉があることを確認する。めしべは1本でめしべの頭（柱頭）が平たくなっていること、めしべの基がふくらんでいることを話し、確認する。

④ めしべのふくらみが花の下にできている実と形が似ていることを確認する。また、めしべの柱頭に花粉がついている事実も見せたい。一人ひとりが自分のアブラナを観察すれば、なかにはそれを見つける子もいる。教師用に教材提示装置をセットしておいて、全員に見せる。

⑤ アブラナの花を描かせ、次のように記録させる。

　おしべ（めしべのまわりに6本、黄色い花粉がある）、

　めしべ（花の真ん中に1本）、花びら（4まい）、

　がく（花びらのそとに4つ）

⑥ 学習したことをノートに記録したら、校庭に出て、チューリップ、クロッカス、など、いくつかの花の中をのぞいて、それぞれの花の中にめしべ・おしべがあることやその数を確かめる。その際、タンポポなどのキク科の植物はめしべ・おしべを確認しにくいので、観察しやすい植物（チューリップ、クロッカスなど）を見つけておく。

第3時　校庭の自然観察（4月頃）

ねらい　春の植物や動物の様子を観察し絵と文に綴る。

準　備

・事前に、学校にどんな植物があるのかを調べておく。

展　開

① はじめに、校庭にある植物名を出させる。いくつかの植物名が出されるが、野草が出てくることはあまりない。そこで、「スイセンやチューリップは2年生が球根を植えて育てています。サクラも、学校ができたときに木を植えて育ててきました。タンポポはどこからかたねが飛んできて花を咲かせています。タンポポのように、誰かがたねを蒔いたのではない植物を野草といいます。」と野草の話をして、野草の花さがしをする。

② はじめは全員で校庭の野草を見て回り、植物の名前をたずねたり教えあったりしながら歩くようにする。モンシロチョウやハナアブなどが飛んでくることもある。ア

月　日　℃（天気）
（名前　　　　　　　　）

リを見つけて夢中になる子も出てくるが、虫に興味をもつ子がいてもかまわない。

③　ひと通り校庭を歩いて野草や虫などを見てきたあと、右図（前ページ）のように印刷したＡ４用紙を渡し、今見てきた野草や虫のなかから、１つ選んでその虫の絵や、花とその回りの茎や葉の絵を描くように言う。黒の鉛筆で線だけで描く。絵に描いたことや絵では表現できなかったこと（色やにおいなど）を文に書くように言う。絵と文が書き終わったら教室に行くことにする。

④　子どもたちが観察している様子を見てまわると、「これ、いいにおい」「手で持ったら痛かった、毛が生えてる」など、いろいろな発見がでてくる。そういった声が聞かれたら、今話していることを文に書いておくといいよ、とアドバイスする。

オオイヌノフグリ　　　　　　　ホトケノザ　　　　　　　　ヒメオドリコソウ

⑤　最後に10分ぐらい時間をとって、教室にもどり、どんな植物があったか、どんな虫がいたかを発表する。

第４・５時　ヘチマのたねまき（４月中頃〜後半）

ねらい　ヘチマが日常の生活などで使われていることを知り、大きなヘチマを育てる目的をもって、ヘチマのたねまきをする。

準備
・ヘチマの実（ヘチマだわし。昨年の４年生が作った物がよい）
・ヘチマのたね　・花壇の準備（または児童用のポットなどの準備）

展開
①　ヘチマについて知っていることを話し合う。ヘチマの実をたわしとして使っていることが出たら、ヘチマだわしの実物を見せる。子どもから出されなかったら教師が話せばよい。植物を栽培するときは、何を目的に栽培するのか目的をはっきりさせておくと、植物を育てる意欲がわいてくる。そういう意味で、栽培の前の話し合いを大事にしたい。
②　ヘチマのたわしを用意しておき、実の大きさを紹介する。ヘチマの大きな実を収

種するためヘチマのたねまきをしようと、ヘチマのたねを配り、たねの観察とスケッチをする。

③　教科書や図鑑などを使ってヘチマの育て方を調べ、ヘチマが育つ様子をおおまかにとらえる。

④　たねを苗床にまく。

⑤　以後はヘチマの成長にあわせて、随時世話をしていく。本葉が出る頃、支柱を立てる頃、雄花・雌花が咲く頃などに観察する。

⑥　ヘチマの観察時期に合わせて校庭の自然観察を行うと、気温の変化との関わりで虫や植物の様子をとらえることができるだろう。

⑦　2時間はかからないと思われるので、残りの時間で校庭の自然観察をしたり、サクラの枝や葉の様子を観察したりして、それらを絵と文に書かせる。

⑧　今日やったことを自分の言葉で書かせる。

ノートに書かせたいこと

今日はヘチマのたねを植えました。ヘチマのたねは黒くて平べったくて、スイカのたねを大きくしたような形でした。そのあと、サクラの木を見に行ったら、花がすっかり散っていて、枝がのびて、葉が大きくなっていました。

2　暑くなる頃（3時間）

第6時　ヘチマの観察（本葉・巻きひげの頃）

ねらい　本葉が出る頃や巻きひげが伸びる頃のようすを観察する。

展　開
①　双葉が出た頃に双葉の形を見せておく。
②　本葉が出始めたら、本葉と双葉の形を比べさせる。
③　巻きひげが出てきたら、巻きひげとその働きを観察する。

※　この展開は、②と③の時期が違うので、1時間のなかで行うことはできないが、観察の時間はとらなければならないため、②と③で1時間扱いとした。

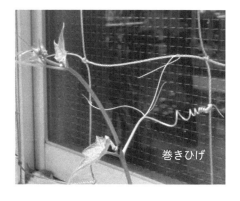
巻きひげ

第7時　暑くなってきた頃の校庭の自然観察

ねらい　気温が高くなってきた頃の校庭の動植物の様子をとらえる。

展　開

①　４月に校庭の自然観察をしたときに見られた動植物を思い出させ、それらが今でも同じようにあるか考えさせる。

②　課題意識をもって校庭の動植物を観察し、４月頃にあった植物がなくなっていたり、あの頃にはなかった植物がたくさん増えていたりすることに気づかせる。

③　鳥や昆虫などの変化にも気づかせる。

④　今日見つけた動植物の中から、１つ選び、どこにあってどんな様子だったかを絵と文で書かせる。サクラの枝や葉の様子を含めてもよい。

⑤　教室に戻って、今日見つけた動植物を発表させる。

第８時　ヘチマの観察（雄花、雌花が咲く頃）

ねらい　**ヘチマの花は、実になる雌花と実にならない雄花がある。**

展　開

①　ヘチマの花を観察して気がついたことを発表する。花の付き方の違いに気づかせる。

②　花の裏の違いに気づかせる。

③　雄花と雌花にはほかにどんな違いがあるかを問い、発表させる。

④　雄花と雌花の絵を描く。

⑤　ヘチマのように雄花と雌花に分かれている植物をみつけようとよびかけ、ヒョウタン、ツルレイシ、キュウリなどを見つけさせる。

⑥「観察したこと」を自分の言葉で書かせる。

雌花（実の元がついている花）

ノートに書かせたいこと

　暑くなってきたので、校庭の草花がどうなっているか見に行った。ネコジャラシやオヒシバ、ヒルガオなどがありました。サクラの葉も大きくなって、木の下に行くと太陽が見えないぐらいで、すずしく感じました。

雄花（実の元がついていない花）

3　涼しくなった頃（2時間）

第9時　ヘチマの観察（実ができた頃）

ねらい　大きく育ったヘチマの実にはたくさんのヘチマのたねがある。

展　開

① 　ヘチマの実が熟して茶色くなったら収穫する。実からたねをとり、春にまいたたねと比較する。一つのたねからたくさんのたねがとれることをおさえる。

② 　ヘチマのたねは、実の下の方がとれて、ザラザラと落ちることで来年そこから発芽できるようになっている。たねは、次のヘチマを残すためのものであることを話す。

③ 　サクラの葉も色づき始めていたら、葉と枝の様子を観察させる。来年の花芽と葉芽が観察できる。

※ 　熟した実が緑色の時期に、1～2本だけ残して収穫し、収穫した実はヘチマだわしにして、残した実は茶色くなるまでそのままにしておくと、種がこぼれるようになることも見られる。

④ 　「観察したこと、確かになったこと」を自分の言葉で書かせる。

ノートに書かせたいこと

　ヘチマの実が大きくなっていた。まだ緑色のもあったけど、茶色くなっている実を1本取ってみたら、中から黒いたねが出てきました。春にたねを植えたときのたねと同じでした。

第10時　涼しくなった頃の校庭の自然観察

ねらい　涼しくなってきた頃の校庭の動植物の様子をとらえる。

展　開

① 　これまでの校庭の動植物との違いに目を向けて観察させる。

② 　校庭で見られる植物が変化していることや、これまでには見られなかった秋の虫が見られるようになっていることをとらえさせる。

③ 　今日見つけた動植物の中から、1つ選び、どこにあってどんな様子だったかを絵と文章で書かせる。サクラの枝の観察をここでやってもよい。

チカラシバ

④ 教室に戻って、今日見つけた動植物を発表させる。

ノートに書かせたいこと

　サクラの葉が茶色くなってたくさん散っていました。でも、よく見ると来年の春に出てくる芽が枝についていました。また来年サクラの花が見られそうです。

4　寒くなった頃（2時間）

第11時　寒くなってヘチマが枯れた後

ねらい　ヘチマは枯れても、サクラは枯れないで生きている

展　開

① ヘチマが枯れたことを確認して、根をその周りの土と一緒に掘る。
② 根の周りの土を取り除いて、根を含めた全体の長さなどを観察する。
③ サクラには冬芽がついていて、まだ生きていることを確認する。
④ 校庭の動植物の様子を観察し、話し合う。

第12時　暖かくなる3月頃

ねらい　暖かくなってくると校庭に4月頃に見られた植物が出てくる。

展　開

① 校庭の植物（野草）を観察して、その中の1つの様子を絵と文で書く。
② 気づいたことを話し合い、4月頃に見られた植物と同じであることをとらえさせる。

5　校庭の1年（1時間）

第13時　サクラの1年、校庭の1年の変化をまとめる

ねらい　生物の成長や活動の様子は、気温の変化と深く関わっている。

準　備

・子どもたちが観察してきたサクラの様子、校庭の生き物の様子などの記録。
・4月～3月までの記録記入用紙、記入用紙を映し出すテレビなど。

展　開

① 4月からの記録をもとに、サクラの木とそれに関わる虫や鳥、校庭の生き物はどんな様子だったかを順に思い出させ、テレビ画面を使って全体で確認する。

単元について

身近に見られる動植物を教材に

　教科書では校庭の樹木や鳥などの生き物の様子を、それぞれの季節ごとに観察するようになっている。身のまわりの動植物の姿を具体的にとらえる学習なので、学区域付近の自然環境に左右される。教科書に出ている動植物が身近にいるところはよいが、そうでない地域では対応が難しい。そこで、生活のなかで子どもたちが見つけた・とらえた自然の様子を発表しあい、お互いが見つけた自然の事実を広めたり、確かめたりする学習にしたい。具体的には校庭に野草園を作り、四季を通じてどんな野草が出てくるかを観察したり、多くの学校で植えられているサクラの一年を観察したりという学習を組みたい。

　栽培教材もこの単元「季節と生物」に入れた。ヘチマの栽培を行うが、ヒョウタンやツルレイシを扱うこともできる。それぞれに、栽培の目当てをはっきりさせて、意欲的に取り組ませたい。観察については、継続的な観察はむずかしいので、変化があったときに観察させるという扱いにする。

　どちらも、気温の変化との関わりでとらえると、季節（気温の変化）と身近な動植物の成長や活動との関わりが見えてくるので、そういう視点で指導計画を立てたい。

サクラの1年

春

満開のサクラ

開花前の花芽と葉芽

サクラの実

サクラの花の花外蜜腺

　葉の付け根にできた花外蜜腺からは甘い蜜があふれている。その蜜を求めてアリがやってきて、蜜をなめていた。アリは葉を食べに来る虫などを追い払う役目をしてくれるようだ。

夏

葉を茂らせた夏のサクラ

夏には準備された冬芽

セミの羽化も

秋

紅葉し、葉を落とし始めたサクラ

冬

すっかり葉が落ち、枝だけになったサクラ。

枝先には、来春の花芽と葉芽がしっかりと準備されていた。

２．１日の気温の変化

【目標】

(1) 晴れた日の１日の気温は、昼頃にもっとも高くなる。

(2) 曇りや雨の日の１日の気温は、晴れの日に比べて変化が少ない。

【指導計画】　３時間

(1) 晴れた日の気温変化を調べる。……………………………… 1時間

(2) 曇りの日の１日の気温を調べる。……………………… 1時間

(3) 自記温度計のグラフと、その日の天気の関係を調べる。……… 1時間

【事前準備】

★　２週間前に、自記温度計を雨がかからないような屋外にセットしておく。百葉箱があればよいが、なければ屋上やベランダなどの風通しがよい場所に置き、雨や直接太陽光が当たらないように工夫する。

【学習の展開】

第１時　晴れた日の気温の変化（１校時に授業を行い、６校時まで調べる）

ねらい　よく晴れた日の１日の気温は昼頃がもっとも高くなる。

準　備
・棒温度計（50℃まで）グループ数＋教師用　・画用紙グループ数

展　開

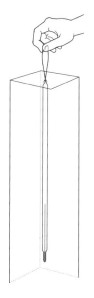

① 　教室の寒暖計を見せて、「この温度計は何の温度を調べているのだろう」と問い、「空気の温度」「教室の空気の温度」であることを確認する。空気の温度を「気温」ということを教える。

② 　「校庭の空気の温度を調べるのに良い方法はどちらだろう」と問い、カバーをした温度計（教科書参照）とカバーをしない温度計で気温を測ってみる。カバーをしない方は直射日光が当たるのでずっと高温になることから、気温を測るときは直接太陽が当たらないようにカバーをすることを教える。

課題❶　１日の気温はどのように変化するか調べよう。

③ 　調べ方を確認する。

- 棒温度計に画用紙でおおいをして気温を調べる（前ページ図）。
- 1時間おき（休み時間ごとでもよい）に調べて、記録する。
④　グループごとに場所を決めて1時間おきに調べる。
⑤　（6校時に）折れ線グラフの書き方（算数）を参考に、1日の気温の変化を折れ線グラフに表す。

資料

百葉箱
（ひゃくようそう）

　気温や湿度などを正確に測定するためには百葉箱が用いられてきました。百葉箱は、風がよくとおるようによろい戸で組み立てられ、直射日光の影響があまり出ないように白いペンキで塗られています。床の面が地面から1m〜1.2mの高さになるように作られ、扉が真北を向くように設置することになっています。

百葉箱の位置

百葉箱の内部配置

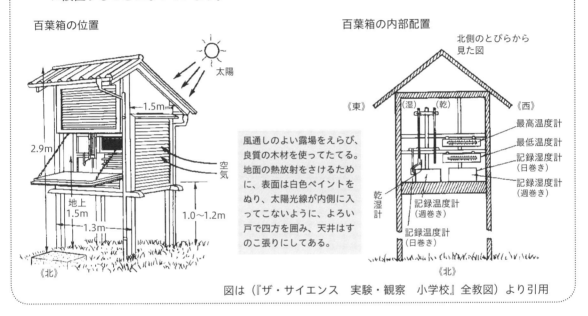

風通しのよい露場をえらび、良質の木材を使ってたてる。地面の熱放射をさけるために、表面は白色ペイントをぬり、太陽光線が内側に入ってこないように、よろい戸で四方を囲み、天井はすのこ張りにしてある。

図は（『ザ・サイエンス　実験・観察　小学校』全教図）より引用

第2時　曇りの日の気温の変化（1校時に授業を行い、6校時まで調べる）

ねらい　曇りの日の1日の気温は、晴れた日より変化が少ない。

準　備
・棒温度計（50℃まで）グループ数＋教師用　　・画用紙グループ数

展　開
①　第1時のグラフをもとに、晴れた日の気温の変化について話し合い、晴れた日は昼頃に気温がもっとも高くなることを確認する。
②　「曇りの日も晴れの日と同じように昼頃に最高気温になるか調べよう」と言って課題を出す。
③　調べ方を確認する。

・晴れた日と同じように、棒温度計に画用紙でおおいをして調べる。

・1時間おき（休み時間ごとでもよい）に調べて、記録する。

課題②　曇りの日も晴れの日と同じように昼頃に最高気温になるか調べよう。

④　グループごとに場所を決めて1時間おきに調べる。

⑤　6校時に、1日の気温の変化を折れ線グラフに表す。

第3時　晴れた日と曇りの日の気温変化の違い

ねらい　1日の気温の変化には特徴がある。

準　備

・自記温度計のグラフ（人数分＋教師用）、テレビなどに映せるようにする。

展　開

①　晴れの日と曇りの日のグラフを比べて、話し合う。

②　変化の仕方に違いがあることに気づかせる。

③　雨の日はどうかと疑問をもたせ、自記温度計のグラフをテレビなどに写し出して話し合う。

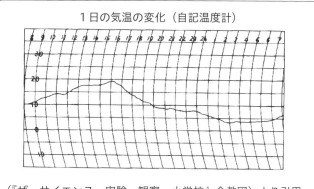

1日の気温の変化（自記温度計）

（『ザ・サイエンス　実験・観察　小学校』全教図）より引用

④　その後、児童にも同じグラフを印刷したプリントを配り、天気を書き込ませる。

⑤　1日の気温の変化の特徴で、確かになったことをノートに自分の言葉で書く。

単元について

算数の学習と関わらせて

　子どもたちは、昼頃にもっとも暑くなることは経験上わかっているだろう。この単元ではそういった経験から出発して実際に気温を調べてどの程度変化しているかをつかめればよい。晴れの日と曇りや雨の日では、変化の仕方に違いがあることも、具体的に調べなければ気づかないので、実際に調べてとらえられるようにしたい。さらに、自記温度計を使うことによって、ある期間のまとまった気温の変化を知ることができ、天気と気温の変化の関係を大まかにとらえることができる。

　この単元では気温の変化を扱うので、調べた結果を折れ線グラフに表すのが有効である。算数科の学習でも折れ線グラフの書き方や読み方が扱われているので、その学習と関わらせて授業を進められるとよい。

1日の気温の変化

　寒い冬でも、日なたぼっこをしているとあたたかいですね。太陽からの光が地球にやってきているためです。しかし、空気は太陽の光で直接あたたまるわけではなく、太陽光で熱せられた地面（地表）によってあたためられています。地表に入ってくる1日の間の太陽光は、太陽が一番高い12時頃が一番強く、朝夕は弱くなります。したがって、1日の間の気温は12時頃が一番高くなってもよさそうです。

　ところが、1日の気温変化は、ほとんどの日が午後2時頃にもっとも高く、日の出頃に一番低くなっています。じつは、地表は太陽の光であたためられると同時に、目には見えない赤外線をいつも宇宙空間へ放射（赤外放射）し、熱を逃がしています（放射冷却）。気温は地表へ入ってくる太陽光と、出て行く赤外放射の差で変化しているのです。

太陽光が一番強い12時をすぎても、入ってくる太陽光の方が出て行く赤外放射より強いために、地表はまだあたたまります。このため、気温は上がり続け、午後2時頃に最高気温になります。これからあとは、出て行く赤外放射の方が大きくなって気温は下がり続け、日の出頃に最低気温になります。

　しかし、雨の日や風向きが南から北へ急に変わったような日は、夜中に最高気温、日中に最低気温が出ることもあります。

（『なんでもウォッチング　天気の変わり方』日本気象協会編　誠文堂新光社より）

3．電気のはたらき 回路をたどろう 回路をつくろう

【目標】

(1) 電気の通り道（回路）ができると、豆電球が点灯する。

(2) 豆電球や乾電池のつなぎ方には直列つなぎと並列つなぎがある。

(3) 電気が多く流れると、豆電球が明るくなったりモーターが速く回ったりする。

【指導計画】 9時間

(1) 豆電球も電気の通り道（回路）① ………………… 1時間

(2) 電気の通り道（回路）② ……………………………… 2時間

(3) 豆電球の直列つなぎ・乾電池の直列つなぎ…… 2時間

(4) 電気の流れる向きとモーターの回転…………… 1時間

(5) 豆電球の並列つなぎ・乾電池の並列つなぎ…… 1時間

(6) 回路を使った工作…………………………………… 2時間

【事前準備】

① 豆電球をチェックしておく。

豆電球の口金（写真参照）には（1.5 V 0.3 A）や（1.5 V 0.5 A）のような表示がある。1.5 V 0.3 Aの豆電球というのは、1.5 Vの乾電池にその豆電球をつないだとき0.3 Aの電気が流れるということであり、1.5 V 0.5 Aの豆電球というのは、1.5 Vの乾電池をつなぐと0.5 Aの電気が流れるということである。

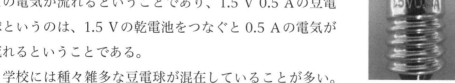

学校には種々雑多な豆電球が混在していることが多い。それらを区別することなく実験に使ってしまうと、想定外の実験結果になることがある。事前に口金の表示をチェックして種類別に分けておき、授業の前に確かめておく。

② 事前に消耗品の購入を

エナメル線よりも子どもの爪でもはがせるようなビニル被覆の導線のほうが、子どもが実験するときにはとても便利である。5年の電磁石でもエナメル線ではなくビニル被覆線を使っている教科書もあるので、理科の消耗品として購入しておきたい。

③　電気学習箱を作っておく

　　実験道具をグループ（４人程度）ごとに箱（電気学習箱）にセットしておく。

　電気学習箱の中身は、乾電池、豆電球、ソケットを６個ずつ…など

　　教材セットを購入した場合でも、全部子どもに渡すのではなく、当面使用するも

のだけを渡して名前を書いた箱に入れさせるとよい。しばらく使用する予定のない

物は預かっておくとよい。

【学習の展開】

第１時　豆電球も電気の通り道　回路①

ねらい　乾電池の＋極と－極、豆電球が導線でひとつながりになって
いる電気の通り道を回路（３年の復習）といい、豆電球も回
路の一部である。

準　備
・電気学習箱（グループ数）　・むしめがね（１人１個）
・口金をはずした豆電球（右の写真、グループ数）
・透明ガラスの電球（１個、学校の照明用電球があれば使え
る）

展　開
①　豆電球、ソケット、乾電池を１人１個ずつ配って、３年生で学習してきた名称（豆
　電球、乾電池の＋極と－極、ソケットと導線）を確認して、豆電球に明りをつけさ
　せる。
②　次に、電気の通り道ができると豆電球に明かりがつくこと、電気の通り道を「回
　路」といって、「回路」はひとつながりになっていることを確認する（３年の復習）。
③　豆電球に明かりがついたとき、どこが明るくなっているか観察させて、フィラメ
　ントが明るくなっていることを確かめさせる。そして、フィラメントに電気が通る
　と明るくなることを説明してから次の課題①を出す。
④　「課題の意味わかったかな」と問い、課題にたいする質問があったら答えてから板
　書する。

課題①　電気は豆電球の中のどこを通っているか調べて、p.55 の図に書き入れよう。

⑤　豆電球のつくりは３年生で学習しているが、教科書の図を見るだけで終わってい
　ることが多い。記憶も確かではないと思われる。
　　そこで、課題にたいする数人の考えを聞いたあと、まずは、虫めがねを使って豆
　電球の中をよく観察させる。フィラメントの両端の支えの金属線がどこにつながっ

ているかを見るように指示し、1本は豆電球のねじの横に
つながっていることをとらえさせる。

⑥ 次に、口金をはずした豆電球をグループに1個ずつ配っ
て、フィラメントの両端の金属線がどこにつながっている
かを確認する。

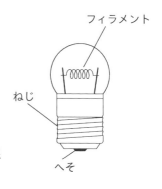

フィラメント

ねじ

へそ

豆電球の口金をはずし、ガラスだけにして、2本の導線
が口金のへそと側面につながっていることを確かめる。

※ **へそのまわりの黒い部分は絶縁物（電気が流れない物）**

豆電球だけでなく、ふつうの電球も同じつくりになって
いることも見せたい。ガラスが透明な電球や学校の照明用
の電球などがあるとよい。

⑦ ソケットのしくみについても説明し、乾電池に豆電球1
個をつないで明かりがついたときの電気の通り道を赤鉛筆
でたどらせて右図に記入する。

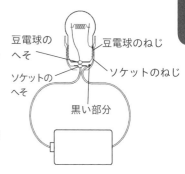

豆電球の
へそ

豆電球のねじ

ソケットの
へそ

ソケットのねじ

黒い部分

乾電池の＋極 ➡ 導線 ➡ ソケットのへそ ➡ 豆電球のへそ ➡ フィラメント

➡ 豆電球のねじ ➡ ソケットのねじ ➡ 導線 ➡ 乾電池の－極。

【豆電球の分解方法】

❶ペンチでへそ近くのねじ
部分を少しつぶす。豆電
球を45度ぐらい回転させ
て、同じようにつぶす。

❷また、45度ぐらい回転さ
せて少しつぶすことを繰
り返すと、ねじの中の接着
剤が細かく砕ける。

❸中の接着剤が砕けて出てくるように、注意しながらねじ部の上
の方までペンチでつぶしていく。

❹大部分の接着剤が砕けて出てくると、ねじの部分とガラスの部
分が離れる。なかなか離れないときには、千枚通しを使って、
電球や口金に残っている接着剤を、導線を切らないように注意
しながらこすり取っていく

---

⑧ 実験や観察が終わったら、教師が板書してまとめるのではなく、1人ひとりの子
どもが、自分がやった実験などをもとに「実験したこと、確かになったこと」を、自
分の言葉でノートに書かせる。

ノートに書かせたいこと

　豆電球に明りがつくのは電気が流れてフィラメントが赤くなったからだった。豆電球の中を観察したら、フィラメントの両端の金属が１本はへそにつながって、もう１本はねじにつながっていた。ソケットも豆電球も電気の通り道（回路）だった。

第２・３時 電気の通り道　回路②

ねらい　回路はひとつながりの輪になっている。

準　備
・ソケット　・豆電球　・乾電池（それぞれグループ数×２＋教師用）

展　開
①　１〜２人の児童を指名して、前時のノートを読ませてから図または実物を見せて課題②を出す。

「課題の意味わかったかな？」と問い、課題にたいする質問があったらそれに答えてから板書する。

課題②　右図のように２個の乾電池のそれぞれの＋極と−極にソケットの導線をつないだら、この豆電球に明かりはつくだろうか。

②　「はじめの考え」をノートに書いてから話し合う。

③　明かりがつくかつかないか、その理由を発表させる。

「つかない。回路ができていないから」

「つく。＋極と−極につないであるから」

「２個の乾電池の下も線でつなげば明かりはつく」という方法が出されるとよい。

④　まず、課題のように導線をつないでも豆電球に明かりはつかないことを教師実験で確認する。

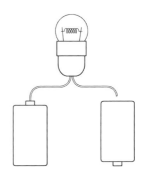

⑤　次に、どうすれば明かりがつくかを問い、下も導線でつなぐ方法が出なかったらそれを引き出す。もう１つの方法は、下にも豆電球つきソケットをつける。二つの方法で明かりがつくだろうと確認し、グループ実験で明かりがつくことを確かめる。課題の図と明かりがついた図を黒板に書き、それを写させて（または事前にプリントを作っておき）電気の通り道を赤鉛筆でなぞらせる。このとき、豆電球の明るさの違いに着目させる。

⑥　「実験したこと、確かになったこと」を、自分の言葉でノートに書かせる。

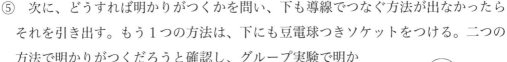

ノートに書かせたいこと

　図のように、別々のかん電池の－極と＋極にソケットの導線をつないでも、明かり
はつかなかった。輪になっていないからだった。

　はなれている方の＋極と－極を導線でつないだら、電気の通り道が輪になって明か
りがついた。

⑦　＜付けたし＞片方の導線が長い回路でも、豆電球に明かりはつくだろうか。

　　はじめは、短い線に＋極をつなぎ長い方を－極につなぐ。次に長い線に＋極をつ
なぎ、短い方を－極につなぐ。すると、どちらも同じぐらいの明るさになる。

第4・5時　豆電球の直列つなぎ・乾電池の直列つなぎ

ねらい　**豆電球を直列につなぐと、暗くしかつかないが、乾電池を直
列つなぎにして増やすとだんだんと明るくつくようになる。
検流計の使い方を知る**

準　備

・電気学習箱（グループ数）、簡易検流計（グループ数＋教師用）

展　開

①　乾電池1個に3個の豆電球を直列つなぎにする装置を見せて、「乾電池1個に豆電
　球3個をつないで回路をつくると、乾電池1個に豆電球1個をつないだときと、そ
　れぞれの豆電球の明るさは変わるだろうか」と言って課題を出す。

「課題の意味わかったかな？」と問い、課題にたいする質問があったらそれに答えて
から板書する。

課題③　**豆電球3個を図（直列つなぎ）のようにつないだとき、豆電球1個のとき
　　　　と比べて、①、②、③の明るさは変わるだろうか。**

②　子どもたちの考え方としては次の3種類が出てくるだろう。

　　ア）乾電池の＋極に近い方から明るくつく。

　　イ）3つとも明るくつく。

　　ウ）3つとも明るくつかない（3つとも明かりがつ
　　　　かない）

　　エ）見当がつかない。

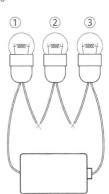

③　この課題で出される意見は、「＋極から少しずつ電気
　が使われるからア」「電気はずうっと通るからイ」「電
　気が3つに分けられて使われるからウ」などであろう。

ここでは、それぞれの理由を言い合うよりも、すぐに調べて事実を確認する。

④　教師実験をする。すると、1個のときより暗くつく。または、まったくつかないという結果になる。

⑤　「電気が流れていないのだろうか」と質問し、調べる道具（簡易検流計）があることを教えて、つなぎ方（流れる電気を調べるので回路の間に入れる）を示してから調べる。すると、針が振れることから、電気が流れていることがわかる。

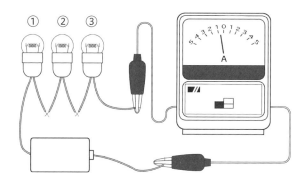

⑥　そこで、「暗くついている豆電球を3つとも明るくつけるにはどうしたらよいだろう」と質問し、乾電池をたくさんつなぐことを引き出す。

　　それでよいかを全員で確認し、グループ実験で確かめる。

　※　ここで、回路をたどらせて、ひと筆書き（1つの輪）になることを確認して、ひと筆書きになるつなぎ方を直列つなぎと教える。

⑦　つぎに、回路の中に検流計を入れて電気の量も調べながら乾電池の数を増やしていくように、実験のやり方を指示してグループごとに調べさせる。

　※　検流計は①と②の間に入れたり②と③の間に入れたりしても数値が変わらないことも確認させる。

⑧　3つの豆電球のうちの1つをゆるめると、他の2つの明かりはどうなるか問う。

　　意見を聞いてから、3つの豆電球のうちの1つをゆるめ、他の2つの豆電球の明かりが消えることを確認する。検流計の針も真ん中に戻っていることにも注目させる。

⑨　乾電池1個に2個以上の豆電球を直列につないだつなぎ方を**（豆電球の）直列つなぎ**、2個以上の乾電池を直列につないだつなぎ方を**（乾電池の）直列つなぎ**と教え、直列つなぎでは豆電球や乾電池も回路の一部なので、どれか1つが外れると回路が切れてしまうことを示す。

⑩　「実験したこと、確かになったこと」を、自分の言葉でノートに書かせる。

ノートに書かせたいこと

　図（前ページ）のように、1個のかん電池に豆電球3個をつないだら、ほとんどつかなかった。でも検流計を使うと電気が流れていることはわかった。かん電池を2個3個と連結させると、だんだん明るくなってきた。回路が1つの輪になるつなぎ方を直列つなぎ。直列つなぎの豆電球やかん電池をはずすと全部消えた。回路が切れたからだとわかった。

第6時　電気の流れる向き

ねらい　乾電池の向きを変えると電気が流れる向きも変わり、
モーターの回る向きも変わる。

準　備
・乾電池　・モーター　・簡易検流計（それぞれグループ1個＋教師用1セット）

展　開

① 乾電池1個でモーターを回す様子を見せてから、次の課題④を出す。

「課題の意味、わかったかな？」と問い、課題にたいする質問があったらそれに答えてから板書する。

課題④　乾電池の＋極と－極を逆につなぐとモーターの回る向きは変わるだろうか？

ア）回る方向は反対になる　　（　　　）人

イ）回る方向は変わらない　　（　　　）人

② 数人の意見と理由を聞いてすぐに調べる。各グループにモーターと乾電池、簡易検流計を配って実験させる。

③ モーターの回転が逆になったことを確認して「乾電池の＋極と－極を逆につなぐと電気の流れる向きはどうなるか調べよう」と指示して、簡易検流計を用意させ、実験させる。簡易検流計の針

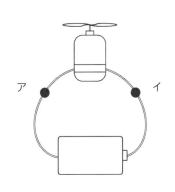

が動く方に電気が流れていることを説明し、「乾電池のどちらの極からどちらの極に流れているか」を問い、「＋極から検流計、モーターを通って－極に流れている」ことを引き出す。検流計はアに入れてもイに入れても針が同じ方にふれることも確認できる。

④ もう一度、乾電池の入れ方を反対にすると、電気が流れる向きがふたたび逆向きになることを確かめる。

⑤ 「実験したこと、確かになったこと」を、自分の言葉でノートに書かせる。

ノートに書かせたいこと

　かん電池にモーターをつなぐとプロペラが回った。かん電池の向きを反対にすると、モーターの回る向きが反対になった。電気の流れを電流という。電流はかん電池の＋極からモーターをとおってかん電池の－極の方に流れることがわかった。

つけたしの実験

乾電池を2個直列につなぐと、モーターの回転が早くなる様子を調べる。

第7時　豆電球の並列つなぎ・乾電池の並列つなぎ

ねらい　豆電球を並列つなぎにすると、それぞれ独立した回路になる。
乾電池を並列につなぐと豆電球は明るくならないが、長時間
使えるようになる。

準　備　・電気学習箱（⇨ p.54 参照）　・モーター（それぞれグループ数）

展　開

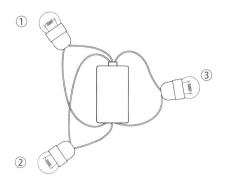

① 課題提示用の装置（右図）を見せて課題
⑤を出す。

「課題の意味、わかったかな？」と問い、
課題にたいする質問があったらそれに答え
てから板書する。

課題⑤　豆電球3個を図（並列つなぎ）の
ようにつないだとき、豆電球1個をつけ たときと比べて豆電球①、②、③の明るさ
はどうなるだろう。

② はじめの考えを聞いてみると次のようになる。

　ア）3個とも暗くつく。

　イ）3個とも豆電球1個のときと同じぐらいの明るさになる。

　ウ）見当がつかない

③ 数人の考えを聞いた後、すぐに実際に確かめると、3個とも同じように明るくつ
くことがわかる。

④ このときの回路をたどらせ、回路が3つになっていることをつかませる。
ひと筆書きができないことも確認して、回路が複数になっているつなぎ方を並列つ
なぎと教える。

⑤ 続いて、3個の豆電球のうちの1つをゆるめると、他の2個の豆電球はどうなる
か問い、3個の豆電球のうちの1つをゆるめても、2個の豆電球の明かりは消えな
いことを確かめる。

⑥ ＜付け足し＞乾電池にも並列つなぎがあり、乾電池の並列つなぎは回路が2本以
上と教える。乾電池の並列つなぎでも、乾電池を1個取り除いても豆電球は消えな
い。モーター1個に、2個の乾電池を直列つなぎにしたときと並列つなぎにしたと
きのモーターの回り方を調べる。

　※ 乾電池の並列つなぎでは豆電球は明るくならない。モーターの回転も速くなら
　　ないが、長時間使えることも話しておく。

　※ 直列つなぎ、並列つなぎの判断は、次の2点で考えることを確認する。

1）回路をたどってみて、ひと筆書きができる「直
列つなぎ」か、できない「並列つなぎ」か。

2）乾電池を取り除いても回路がつながっていれば
「並列つなぎ」、回路が切れたら「直列つなぎ」。

⑦ 「実験したこと、確かになったこと」を、自分の言葉
でノートに書かせる。

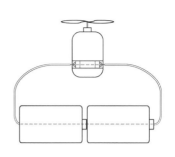

ノートに書かせたいこと

　1個のかん電池に豆電球ソケットをそれぞれつ
なぐと、全部明るくついた。回路をたどったら、輪
が3つになった。こういうつなぎ方を並列つなぎ
という。豆電球の並列つなぎは、1個の豆電球を
取っても他の2つは消えなかった。回路が別々
からと思った。モーターに2個のかん電池を直列
つなぎすると早く回って、並列つなぎにしたら早
くならなかった。でも、かん電池の並列つなぎだ
と長時間使えるそうだ。

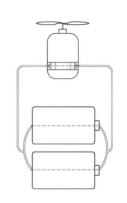

第8・9時　懐中電灯づくり

ねらい　設計図や実物の回路をたどりながら配線を考えて
電気の理科工作を作る。

紙コップ（プラコップ）を使って作った懐中電灯

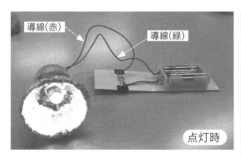

導線(赤)　導線(緑)

点灯時

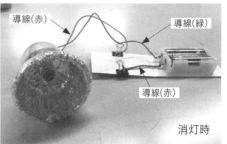

導線(赤)　導線(緑)

導線(赤)

消灯時

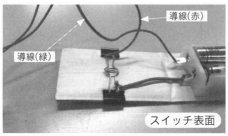

導線(赤)

導線(緑)

スイッチ表面

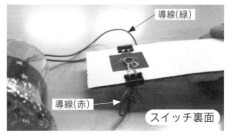

導線(緑)

導線(赤)

スイッチ裏面

懐中電灯（元小学校教師：伊藤廣子さん、考案・作成）

左上はスイッチが入れられて赤い導線同士がつながって点灯している。右上はスイッチが切られて赤い導線がつながっていないので消灯。スイッチも段ボール板にクリップでつけているので、比較的簡単に作れる。

裏側から見た写真を右に載せた。ソケットがどのようにつけられているか見える。浅めの紙コップの内側にアルミ箔を貼り付け（前ページ参照）、底に×の切り込みをつけてソケットをはめ込む。ソケットの導線が通る穴をあけ、紙コップをはめ込んで作る。出てきた導線をクリップにつけて前ページのようにスイッチをつけた回路を作る。

市販の教材セットを購入した場合も、回路を考えながら作るようにする。

ソーラーカーを購入した場合は、設計図を見て、電気の通り道（回路）をたどりながら組み立てさせる。なかなか進められない子には早くできあがった子に協力してもらうようにする。

単元について
電気の通り道（回路）を意識させる

4年の「電気のはたらき」では、電気の通り道が輪になっていること、電気がたくさん流れると豆電球が明るくついたりモーターが速く回ったりすること、直列つなぎと並列つなぎがあることが大事な学習内容である。これらの学習内容を子どもたちがしっかりと身につけるためには、回路をたどるという手法が大変効果的と考える。回路をたどり電気の通り道を確認し、直列つなぎか並列つなぎかも判断できるようになる。また、簡易検流計の使い方を身につけ、モーターが早く回っているときには電気がたくさん流れていることもわかる。暗くしかついていない豆電球や回転の遅いモーターを、もっと明るくしたり速く回るようにしたりするには、乾電池の直列つなぎという方法があることもわかる。

回路をたどることは、5年生の電磁石の学習でも生かされる。電磁石の学習ではコイルの中の鉄心にも電気が流れていると思っている子どもが相当数いるそうだ。エナメル線には電気を通さないエナメルが塗ってあるし、鉄心との間には電気を通さないプラスチックなどの筒があるのだから鉄心に電気が流れるはずはない。回路をたどらせて電気の通り道を確認することは有効である。

　教科書には右上のようなモーターや豆
電球、スイッチ、乾電池などの電気用図記
号（回路図記号）が出ている。しかし、こ
れらの記号は実際の豆電球や乾電池の形
とは似ていないので、子どもにとってはわ
かりにくい。図や絵で表現したり説明した
りするときに共通の表現方法があること
は大事なことだが、この段階では、右下の
ように実物の豆電球や乾電池を簡略化し
た図を使う方がよい。とくに、豆電球も回
路の一部だという学習をしたあとなので、
回路の一部ということがわかるような図
を使たい。

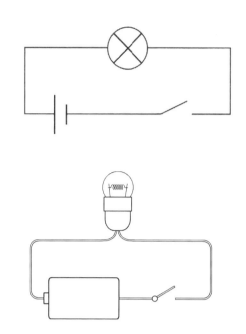

4．体のつくりと運動

【目標】

(1) ヒトの体にはたくさんの骨がある。

(2) 骨は、体を支えたり、脳や内臓を守ったりしている。

(3) 骨と骨は関節でつながっていて、体は関節で曲がるようになっている。

(4) ヒトの体には筋肉があり、筋肉が縮むことによって体が動く。

(5) 魚や鳥にも骨や筋肉がある。（骨がある動物とない動物がいる）

【指導計画】　8時間

(1) 骨の役割 ……………………………… 2時間

(2) 関節の働き …………………………… 1時間

(3) ヒトの筋肉の動きと働き …………… 2時間

(4) ニワトリの骨と筋肉………………… 2時間

(5) 動物の骨と筋肉……………………… 1時間

【学習の展開】

第1・2時　ヒトの体の骨

ねらい　ヒトの体にはたくさんの骨がある。

準　備

・輪郭図（B5またはA4の用紙に印刷）

・アジ1尾　・包丁

・輪郭図（模造紙大）1枚

・人体骨格模型

展　開

① 体の中にあるものを発表させ、骨や内臓がある

　ことを引き出す。

② 輪郭図を配り、「体のどんなところに骨がある

　か、この絵に描き込みましょう」と課題①を出す。

課題①　私たちの体のどこに骨があるだろう。

③ 「はじめの考え」を書かせる。

④ 骨があると思われる場所を発表させて、教師は模造紙に書き込む。

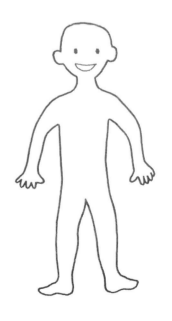

⑤　人体骨格模型を見ながら、骨はほぼ全身にあることを確認し、人の骨は約１個あ
　　ること、背骨や首の骨のつくりなどを教える。

⑥　骨の役割について話し合い、体を守る骨、支える骨などを確認する。

⑦　骨があるところや骨の数や役割など、課題について「確かになったこと」をノー
　　トに自分の言葉で書かせる。

ノートに書かせたいこと

　骨は私たちの体に 200 個もあって、手や足の骨もたくさんありました。頭の骨は脳
を守っているし、ろっ骨は心臓や肺を守っていました。

つけたしの実験 🔲**STEP UP!**　アジの骨を見ながら、背骨のつくりを確認する。

⑧　「アジの背骨について」を書かせる。

ノートに書かせたいこと

　アジの骨を見ました。人と同じように、たくさんの骨がありました。背骨が頭から
しっぽまでつながっていて、これがくねくね曲がって泳ぐようです。ぼくたちが食べ
ているのは魚の筋肉だということが確かになった。

第3時　たくさんの骨と関節

ねらい　骨と骨は関節でつながっていて、関節のところでまがるよう
になっている。

準　備

・ホチキス　・フレキシブルスタンドなど、関節のような模型　・人体骨格模型

展　開

①　ヒトの体には、約 200 本の骨があるが、骨と骨がつながっているところを何とい
　　うか質問する。関節と出てきたら、どんなところにあるか質問する。

②　人体骨格模型で、関節のあるところを確かめる。

③　関節のあるところを確認したら、「関節のところで体を動かすことはできるけど、
　　関節の動かし方は、どこも同じだろうか」と言って課題②を出す。
　　　「課題の意味わかったかな？」と問い、課題にたいする質問があったら答えてから

板書する。

課題② 関節の動かし方は、どこも同じだろうか。

④ 「はじめの考え」を書かせる。

⑤ 子どもの意見を聞きながら、実際に動かしたり、ホチキスやスタンドを曲げたり
しながら、確認する。

⑥ 「確かになったこと」を書かせる。

ノートに書かせたいこと

骨と骨は関節でつながっていました。ひじの関節、かたの関節など、いろいろな関
節があって、それぞれ動かし方がちがっていました。かたの関節はぐるぐる回せるけ
ど、ひじの関節は片方にしか動かせません。ホチキスのような動きでした。

第4時　筋肉の動きと働き①

ねらい ヒトは、筋肉が縮んで硬くなることによって体を動かしている。

展　開

① 「私たちの体は骨と関節があれば動くのか」と問い、筋肉がないと動かないことを
確認する。

② 「筋肉ってどれのこと？」と問い、力こぶ、腹筋などを出させ、課題③を出す。

課題③ 椅子から立ったり、寝て起き上がったりするとき、どの筋肉を使っている
だろう。

③ 「はじめの考え」を書かせる。

④ 発表させて板書（腕相撲では腕。空気椅子ではももの筋肉等）し、実際にやらせ
て、近くの子とお互いに筋肉の様子を観察させる。（体の動かし方と使っている筋肉
についてノートに書く。）

つけたしの話

骨と筋肉と腱

T：ふくらはぎの筋肉がかかとを上に持ち上げるとつま先立ち
ができました。これは、筋肉がかかとの骨にくっついている
から持ち上げられるのです。この硬いところです。アキレス
腱といいます。（C：聞いたことある）ふくらはぎの筋肉は
上は太ももの中にある骨にくっついていて、下はかかとの骨
にくっついています。筋肉が骨にくっついているところを腱
（けん）といいます。他の筋肉も腱で骨にくっついていて、筋
肉が縮んで引っ張られて体が動くようになっています。

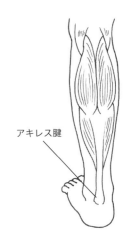

アキレス腱

⑤ 「実験したこと、確かになったこと」を自分の言葉でノートに書かせる。

ノートに書かせたいこと

> いすから立つときは、モモの筋肉を使って、ねて起きるときにはおなかの筋肉を使っていた。ほかにも、うでずもうするときはひじの上の方の筋肉を使うし、空気いすをやるとモモの筋肉を使っていた。いろんな筋肉を使って動いていることが確かになった。

第5時　筋肉の動きと働き②

ねらい　ヒトは、体を動かすとき、全身の筋肉を使っている。

準　備

・ドッジボール

展　開

① 水泳をするときにも体を動かす。

【問】クロールで泳ぐときは、どの筋肉を使っているだろう。

　　この問いで、水泳をするときは、全身の筋肉を使っていることを引き出し、課題④を出す。

② 「課題の意味、わかったかな？」と問い、課題にたいする質問があったら答えてから板書する。

課題④　ボールを投げる時にはどの筋肉を使っているだろう。

③ 「はじめの考え」を書かせた後、意見交換をする。

④ 実験は、実際にボールを投げる動作をさせ、全身の筋肉を使っていることを確認する。

⑤ 重い物を持ち上げる動作、幅跳びをする動作などもやってみて、手だけで持ち上げていないことや足だけで跳んでいないことにも気づかせる。

⑥ 「実験したこと、確かになったこと」を自分の言葉でノートに書かせる。

ノートに書かせたいこと

> ボールを投げるときは、うでの筋肉を使うと思ったけど、思い切り投げるときには全身の筋肉を使っていた。いすを持ち上げるときも背中や足の筋肉を使うし、はばとびの時も足だけじゃなくて全身の筋肉を使っていた。

第6・7時　ニワトリの手羽先の骨と筋肉

ねらい　ニワトリの手羽先を観察して、骨と筋肉、腱の働きを確かめる。

準 備

・手羽先　・キッチンばさみ（各班）

展 開

① ニワトリの手羽先の皮を取り除いて骨と筋肉の様子を調べる。

② 筋肉は腱で骨とくっついている。筋肉が縮むと（引っ張られると）骨が動くことを確認する。

③ ニワトリの手羽とヒトの腕（手）を比較した図を見せて、似ていることに気づかせる。

④ 手羽先の筋肉はヒトが食べている部分で、魚も肉も筋肉を食べているという話をする。

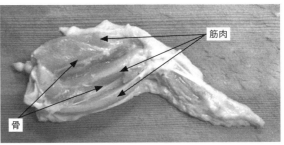

⑤ 「骨と筋肉、腱の働きで確かになったこと」を書かせる。

ノートに書かせたいこと

今日はニワトリの筋肉と骨、けんを見た。手羽先の皮をむいて、中の筋肉を切ると骨が出てきた。筋肉を引っ張ると骨が動いた。骨は筋肉とけんでつながっていた。けんは白くてとても丈夫だった。

資料　筋肉と骨

筋肉には大きく分けて骨格筋と心筋、平滑筋（へいかつきん）の３種類があります。心筋は心臓だけにあって、心臓の壁を作っていて、休みなく動き続けなければならないため、もっとも丈夫な筋肉と言えます。平滑筋は内臓や血管などの壁を作っているところから内臓筋とも呼ばれています。心筋も平滑筋も、神経の命令で動かせません。

骨格筋は、骨格とつながっています。神経の命令を受けて骨格を動かす（体を動かす）働きをしています。

さて、骨格筋は骨とどのようにつながっているのでしょうか。

一般に、筋肉の両端には腱があり、その腱は関節を通り越した先の骨につながっています。上腕部（じょうわんぶ）の二つの筋肉だけをとりあげて、骨への腱

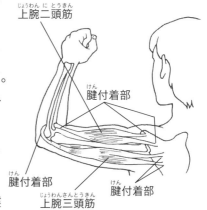

上腕二頭筋
腱付着部
腱付着部
腱付着部
上腕三頭筋

第８時　動物の骨と筋肉

ねらい　ヒト以外にも骨や筋肉がある動物がいる。

準備
・いろいろな動物の骨格図、ライオン（肉食獣）の狩りの動画

展開
① 教科書などにある脊椎動物の骨格図を見て、魚、鳥、カエル、へびなどに骨があることを確認する。
② ライオンは獲物を捕らえてその肉を食べて生きていることを話し、課題⑤を出す。「課題の意味わかったかな？」と問い、課題にたいする質問があったら答えてから板書する。

課題⑤　ライオンが獲物を捕らえる時、どの筋肉を使っているだろう。

③ 「はじめの考え」を書かせる。
④ 野生の肉食動物が狩りをしたり、草食動物が捕食者から逃げたりする映像を見せて、全身の筋肉を使っていることをとらえさせる。
⑤ 「映像を見て、確かになったこと」を書かせる。

ノートに書かせたいこと

ライオンは静かにえものに近づいて、つかまえられそうなきょりになると一気にダッシュしていた。走っているとき、足だけじゃなくて、体中がのびたり縮んだりバネみたいだった。ぼくたちも全身を使って走るけど、ライオンも全身で走っていた。にげる方も素早く足を動かして走っていた。

の付き方を示すと、図のようになります。上腕二頭筋といういわゆる力こぶになる筋肉は、肘の先の骨と肩にある肩甲骨につながっているのがわかります。腕立て伏せをするときに使う上腕三頭筋も同じように肘の先の骨と肩甲骨につながっています。どちらの筋肉も上腕骨にはつながっていないのです。

たいていの骨格筋は、骨の表側と裏側とに、一対になってくっついています。上腕二頭筋が収縮すると上腕三頭筋がゆるみます。そのときの筋肉の様子が左ページの図になります。腕を伸ばすときには反対に上腕三頭筋が縮んで上腕二頭筋がゆるみます。

このように、一対の筋肉の片方が収縮し、もう一方がゆるむことによって人体の各部分の運動が始まるのです。

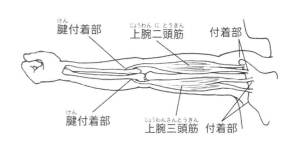

腱付着部　　上腕二頭筋　　付着部
腱付着部　　上腕三頭筋　付着部

運動で強くなる骨と筋肉

　日本人で初めて約4ヶ月半もの長い間宇宙で生活していた若田光一さんは、地球に戻ってきてから、地球で普通に生活できるようにするための運動を始めたそうです。

　宇宙という無重力のなかでは、フワフワ浮いていられるので、体も重く感じません。そうすると、地球では体重を支えるために必要な筋肉が、宇宙ではあまり使われなくなります。同じように、体をささえている骨もそれほど丈夫でなくてもよいので、骨も弱くなってしまうのです。骨を作っているカルシウムがオシッコと一緒に出ていってしまうのです。こんなに、骨も筋肉も弱くなっていたのでは地球での生活はできません。そこで、筋肉トレーニングなどをして毎日の生活が普段通りにできるように筋肉を強くしたり、骨を丈夫にしたりしているのです。

　大けがをしたり、長い間入院したりして、病院のベッドから自由に立ったり座ったりすることができない人の筋肉や骨も弱くなります。だから、けがや病気が治ってもすぐには退院できなくて、骨や筋肉を丈夫にする運動をやってから退院するという人もいます。

　あしのけがをした人が、けがが治るまで松葉杖を使って丈夫な方のあしで歩いたそうです。やがてけがが治って両あしを見比べたら、けがをした方のあしはすっかり細くなってしまったそうです。これも、けがをした方の足は使えなかったから筋肉が弱くなってしまったのです。

　骨や筋肉は、毎日の生活のなかで立ったり座ったり歩いたり、とんだりはねたりすることによって丈夫になっていくのです。反対に、あまり体を動かさない生活をしていると骨も筋肉も丈夫にならないのです。

単元について

自分の体で学習し、動物につなげる

　この単元では、ヒトを含めた身近な動物（脊椎動物）には骨と筋肉があり、筋肉が縮むことによって体を動かしていること、骨と骨のつなぎ目には関節があり、体は関節の部分で曲げることができることを学習するようになっている。他の動物についても扱うようになっているが、他の動物も、ヒトと同じように、骨や筋肉があるという学習なので、学習の中心はヒトの骨や筋肉である。

　ヒトの骨と筋肉では、骨の役割、関節の違いなどを学習し、動物の学習では、魚やニワトリの骨や筋肉の観察、そして、他の動物もヒトと同じように骨や筋肉があって、体を動かしていることをとらえるようにする。また、これらの観察をとおして、「魚の身」や「鶏肉」というのは魚や鳥の筋肉であることにも気づかせたい。

5．月と星

【目標】

(1) 太陽や他の星（恒星）は球形をしていて自分で光っている。

(2) 月は、太陽の光があたっているところが明るく見えるので、日によって違う形に見える。

(3) 星には明るさの違う星や色の違う星がある。

(4) 月も星座も東から西の方に動いて見える（地球が自転している）。

【指導計画】　6時間

　単元名は「月と星」となっているが、「月の満ち欠けと月の動き」「星（星座）の動きと星の色」について学習する単元である。そこで、指導計画も「月」「星（星座）」に分けて表すことにする。

「星」の指導計画（4時間）

　(1) 星座早見づくりと星空の観察（夏休み前に実施）… 2時間

　(2) 星（星座）の位置の変化（9月頃に実施）………… 1時間

　(3) 星の色と明るさ（11月頃に実施）………………… 1時間

「月」の指導計画（2時間）・・・「星」の指導計画（1）の次に入れる。

　(1) 月と太陽（9月頃に実施）………………………… 1時間

　(2) 月の満ち欠け（9月頃に実施）…………………… 1時間

星 【学習の展開】

第1時　星座早見作り（夏休み前に実施）

ねらい　星（恒星）の位置が変わらないことから、星座がつくられた。

準 備

・星座早見を印刷した厚紙（星図盤と台紙⇨ p82-83）

・はさみ　・スティックのり　・赤鉛筆（すべて各自）

展 開

① 　はじめに、星座名や星座について知っていることを発表させる。

② 　星座がどのようにしてできたのか、説明する。

資料 星座の話

いまから 5000 年もむかし、メソポタミア地方（いまのイラクのあたり）でヒツジのむれを追ってくらしていた人たちが、夜、ヒツジの番をしながら、夜空の星をながめていました。やがて、夜空に見える星と星を線でむすんで、物や動物のすがたを想像して考えたのが、星座のはじまりです。それがギリシャのむかし話にでてくる人や動物とむすびつけられたりして、いまでは空全体で 88 の星座（⇨ p.80 参照）が決められているのです。

（『教科書よりわかる理科　小学 4 年』合同出版より）

③　星座を見つけるのに便利な道具である星座早見の説明をして、今日はそれを作ることを伝える。

【星座早見作り】

❶　出来あがった星座早見を見せながら、ある日、ある時刻の星座を観察する道具であることを簡単に説明して、厚紙に印刷した紙（星図盤と外枠）を子どもたちに配る。

❷　星図盤の 1 等星だけ赤く塗る。

❸　「1 等星がどんなところに多いかな？」と聞きながら、「天の川の近く」に多いことに気づかせる。最近の夜空では 1 等星のような明るい星を手がかりに星座をさがすとよいことを話す。

❹　星図盤と外枠をそれぞれ切り取って、星座盤をはさむように外枠の点線を内側に折り、おさえ紙の A・B・C・D を外枠にのりづけする。

❺　○月○日の○時にどんな星座が見られるか、実際にたしかめてみる。

④　（その日、天気がよければ）自作星座早見を使って、今夜どんな星座が見られるか見つけさせる。

⑤　翌朝、どんな星座が見つけられたか、報告させる。

⑥　星の明るさや色の違いに気づいている報告を引き出すようにする。

第 2 時　星空の観察（夏休み前に実施）

ねらい　実視覚カードの使い方を知り、星座を観察する。

準　備

・実視覚カード（児童数＋αを画用紙に印刷）

※　授業を行う日の午後7時～8時に、夏の大三角がどちらの方角のどれぐらいの
　　高さに見えるかを調べておく。

展　開

① 自作星座早見で星座を見つけた子がいたら、報告させる。そのとき、見えた時刻
　と方角、高さ、見たときの印象などをたずね、ほかの子どもたちの観察意欲につな
　げる。

　　この報告のなかに夏の大三角のことも出てきたら、それをつかって授業を進める。
　出てこなかったら、教師が用意した展開で授業をする。

② 実視覚カード（用紙の横の長さが約25cmになるように拡大コピーして、児童数
　を画用紙に印刷）の使い方を説明する。

　　印刷された夏の大三角の実視覚カードを持って腕を伸ばすと、カードに印刷され
　た絵（夏の大三角）と同程度の大きさに星座が見える。

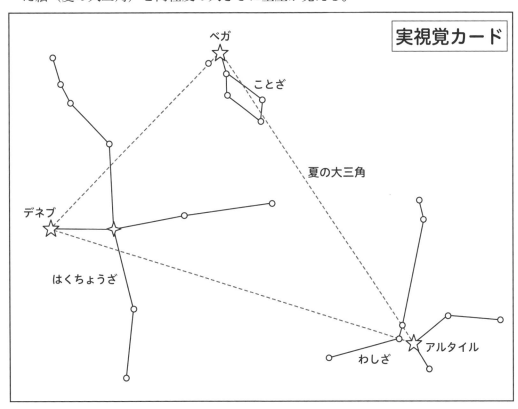

③ 子どもたちを事前に調べておいた方角に立たせ、事前に調べた高さにカードを持
　たせて、およその方角と高さを体験させ、夜になったら家族と一緒に観察する課題
　を出す（無理のない程度に家庭の協力を求める）。

④ 後日、朝の会などで見えたときの様子を報告する機会をもつ。

⑤　夏休み中に、家の近くから見えた星座（この３つの星座に限らず）の絵を、近く
　の建物などを入れて書いてくる課題を出し、１つは観察させたい。

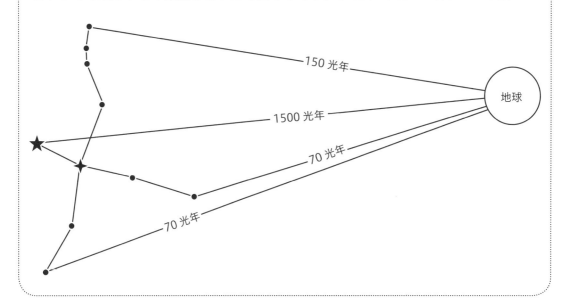

資料　星までの距離

　星座は、地球上から見た星の見かけの配置を示すもので、地球から見ると天球上に
平面的に張り付いているように見えます。しかし、実際にはそれぞれの星の地球から
の距離はまったく違っているのです。たとえば、はくちょう座のデネブは1500光年
先の星であり、白鳥の頭に当たる星は70光年先にあります。このように、同じ星座
といっても地球からの距離はまったく違うのです。（１光年は、光が１年間に進む距離）

150光年

1500光年

70光年

70光年

地球

第３時　星の位置の変化（月の学習後に実施）

ねらい　星（星座）は、時間が経過すると見える位置が変わる。

展　開

①　３年生の学習を思い出させる。

　「太陽はどちらから出てどちらに動いただろう」

②　「では、月はどちらの方に動いただろう」

③　星座は、時間がたつと動くだろうかと課題①を出す。

　「課題の意味わかったかな？」と問い、課題にたいする質問があったら答えてから板
　書する。

課題①　夏の大三角は、時間がたつと動くだろうか

④　課題を書いて、はじめの考えを書かせる。

⑤　はじめの考えを発表し、動いて見えることが出てきたら、どちらの方に動くかを問う。

⑥　実際に調べさせる。または、映像などで星座の動きを確認する。

晴天が期待できそうな数日を含む４〜５日前に、間を１時間とって２回（７時と８時、７時半と８時半のように）、星の観察をするという家庭学習を出す。時刻と、およその方角や高さを記録しておくことも伝える。

⑦　実際に調べさせたときは、子どもの観察記録を使って星座の動きを確認してから「確かになったこと」を書かせる。映像で確認したときは授業時間内に「確かになったこと」を自分の言葉でノートに書かせる。

■ ノートに書かせたいこと ■

太陽も月も夏の大三角も東から出てきて南の方をとおって西の方に動いていた。ほかの星座や星もたぶん同じように動いているんだと思った。

第４時　星の色と明るさ（11月頃実施）

ねらい　恒星は自分で光っている星で、いろいろな明るさや色の星がある。

準　備
・自作星座早見　・白熱電球　・教師用スライダック（または電源装置）

展　開

①　自作星座早見を見ながら、これまでにどんな星座が見られたか発表させる。
・こと座　・はくちょう座　・北斗七星　・大三角
・カシオペヤ座　など

②　夏の頃に見られた星座と最近見た星座を確認する。
・こと座　・はくちょう座　・北斗七星
・カシオペヤ座　など
・最近よく見るのはオリオン座

③　これまでに見てきた星座やそれぞれの星の様子について話し合う。

④　資料を使って恒星の説明をした後、名前がつけられている恒星を見つけさせる。

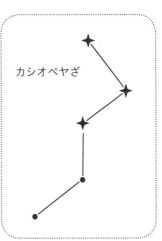
カシオペヤざ

資料 **恒星、惑星、衛星**

　太陽の表面は約6000℃もあると言われています。太陽のように燃えて高温になっている星を恒星といいます。一方、地球はその太陽の光を受けて、太陽の周りを回っています。火星や金星も地球と同じように太陽の周りを回っています。このように、恒星の周りを回っている星を惑星と言います。「水、金、地（地球）、火、木、土、天（天王星）、海（海王星）」はすべて太陽の惑星です。地球という惑星の周りを回っている月のような星は、衛星といいます。

　私たちがこれまで観察してきた夜空の星（星座）は、すべて恒星です。

・ベテルギウス、リゲル、シリウス、プロキオン…

⑤　「星の明るさや色にはどのような違いがあるだろう」と課題②を出して板書する。

課題②　**星の明るさや色にはどのような違いがあるだろう。**

⑥　それぞれの観察をもとに「はじめの考え」を書いて、発表しながら話しあう。

・東の空に白っぽい星がある。

・オリオン座の中に赤い星がある。

・オリオン座の３つ星はよく見えるけど、そのそばによく見えない星がある。

リゲル
ベテルギウス　　オリオンざ

⑦　星の色の違いについて説明する。

⑧　「資料を見て確かになったこと」を自分の言葉で書かせる。

資料 **星の色と温度**

　夜空の星を見ると、赤っぽい星もあれば白っぽい星もあることがわかります。これは、その星の表面温度の違いによるものです。星の色は、温度の高い順に、青白、白、黄、オレンジ、赤となります。3000℃ぐらいの星は赤色、6000℃ぐらいの星は黄色、さらに温度が高くなると白っぽくなっていき、２万℃以上の高温の星は青白くかがやいて見えます。つまり、星の色からその星の表面温度がわかるのです。

　オリオン座のベテルギウスは約3000℃、リゲルは約11000℃、シリウスは約10000℃といわれています。

ノートに書かせたいこと

　星の色にはそれぞれちがいがあった。シリウスやリゲルのように白っぽい星は温度が高くて、ベテルギウスのように赤っぽい星は温度が低いそうだ。

参考●教師による実演実験

白熱電球とスライダックを用意して、徐々に電圧を高くして流れる電気を多くしていく。はじめはボーッとしか明るくないし、熱くもない。その後、電圧を高くしていくとだんだんとオレンジ色になり、やがて白っぽい色になる。そのときに手をかざすと、熱くて触れられないほどになっていることがわかる。

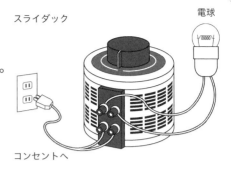

スライダック　電球

コンセントへ

月 【学習の展開】

第１時　月と太陽（９月頃に実施）

※下弦の月（月齢 22、23 日）の前後、昼間の月が見えるときに行う。

ねらい 月は、太陽の光が当たっているところが明るく見えている。
月は、東から西の方に動いて見える。

準備

・バレーボール（グループ数＋教師用）

展開

① 次の説明をして、課題①を出す。

「太陽は 6000℃という高温で燃えているから地球からも見ます。月は自分では燃えていないからロケットに乗って行くことができます。月は燃えていないのにどうして明るく見えるのだろう」

「課題の意味わかったかな？」と問い、課題にたいする質問があったら答えてから板書する。

課題① 月は燃えていないのに明るく見えるのはなぜだろう。

② 「はじめの考え」を書いて、発表しながら話しあう。

・空が明るいから見えるんだと思う。

・空が明るいのは、太陽が光っているからで、太陽の光を反射して見えるんだと思う。

③ 校庭に出て、昼間の月を見る。

┃ Ｔ：月は、どっち側が光って見える？　Ｃ：左側。

┃ Ｔ：月の左側には何があるかな？　Ｃ：太陽。

月

太陽光　　給水塔

月と給水塔。どちらも太陽光を受けている側が明るくなっている。

T：太陽の光が当たっているところが明るく見えていて、反対側はかげになってい
　るから見えないんです。

④　子どもたちの位置から見て、月と同じ方向にバレーボールを置いてみると、バレ
　ーボールも太陽の光を反射して月と同じ左側が明るく見える。太陽が出ていなけれ
　ば、理科室で暗幕を閉めて、バレーボールにスポット照明を当てると、太陽が当た
　ったのと同じように明るく見える。

⑤　全体で確認後、グループごとにバレーボールを持たせて、再確認させる。

⑥　「調べたこと・確かになったこと」を発表させる。

ノートに書かせたいこと

　月は自分では燃えていないけど、太陽の光が当たっているところが明るく見えるこ
とがわかった。先生がバレーボールを持ち上げて、私たちがそれを見たら、バレーボ
ールの明るくなっているところと、遠くにある月の形が同じだった。月もバレーボー
ルも太陽の光が当たったところが明るく見えることがわかった。

⑦　今日、はじめに観察した1時間後に、さっきの月がどこに見えるか観察して、月
　も東から西の方に動いて見えることを確認する。

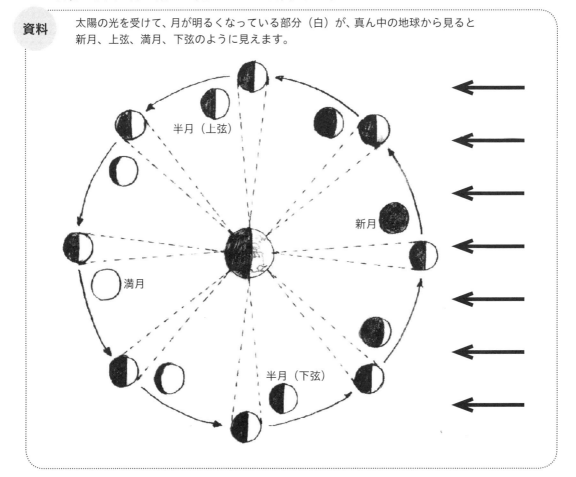

資料　太陽の光を受けて、月が明るくなっている部分（白）が、真ん中の地球から見ると
　　　　新月、上弦、満月、下弦のように見えます。

第2時　月の満ち欠け

準備 どの形の月も東から西の方に動いて見える。

準備

・家庭学習で、月の観察をさせる。日没後の同じ時刻に、三日月や上弦の月、満月な
　どのスケッチをする。地上の建物も一緒に書くようにする。

・子どものスケッチが数種類集まった頃に実施する。

展開

① 　1〜2人の子の前時（9月ごろに実施した月と太陽）のノートを読ませてから課
　題②を出す。

　「課題の意味わかったかな？」と問い、課題にたいする質問があったら答えてから
　板書する。

課題② 　満月も上弦の月も三日月も、下弦の月と同じように見える位置が
　　　　変わるだろうか。

② 　スケッチを見せあいながら、話しあう。

 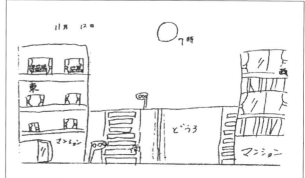

③ 　子どもたちの観察記録と話し合いで、どの月も東から西に向かって動いているこ
　とを確認する。

④ 　次に、資料として満月、三日月、上弦の月、下弦の月などの月の写真（6年の教
　科書にある）を見せて、月の模様が同じことに気づかせることによって、月は1つ
　しかないが、見え方がちがうことをつかませる。

⑤ 　三日月の頃、暗い部分がぼんやりと見えること（地球照）に気づく子もいる。月
　の形の変化は、太陽によって照らされた明るい部分と、陰になった部分とが変化し
　ていること、また、地球照の月の写真を見ると、地球照の月の模様と満月の模様が
　同じことにも気づく。

地球照と満月

　三日月が見える夕方、西の空に太陽が沈んで暗くなる頃、三日月の暗い部分がぼんやり明るく見えることがあります。これは、太陽の光が地球に当たり、そのはねかえった光が月に当たるためで、地球によって照らされるので「地球照」と言われています。このとき、月の模様を見ると、満月と同じ模様になっていることがわかります。

⑥　「調べたこと・確かになったこと」を自分の言葉でノートに書かせる。

ノートに書かせたいこと

　三日月も下げんの月も東から西に動いていくことがわかった。満月の模様と上げんの月の明るくなっているところの模様は同じだった。下げんの月の明るくなっているところも同じ模様だった。月はいろいろに見えるけど、1つの月の見え方がちがうだけだった。

資料　## 88 星座 （アンダーラインの星座は北半球からは見られない）

　アンドロメダ、一角獣、射手、いるか、インディアン、魚、うさぎ、牛飼、海蛇、エリダヌス、牡牛、大犬、狼、大熊、乙女、牡羊、オリオン、画架、カシオペヤ、かじき、蟹、髪毛、カメレオン、烏、冠、ケンタウルス、定規、　きょしちょう（巨嘴鳥）、御者、麒麟、孔雀、鯨、ケフェウス、顕微鏡、蠍、　小犬、仔馬、仔狐、小熊、小獅子、コップ、琴、コンパス、祭壇、三角、獅子、盾、彫刻具、彫刻室、鶴、テーブル山、天秤、蜥蜴、時計、飛魚、とも（船尾）、蠅、白鳥、八分儀（はちぶんぎ）、鳩、風鳥（ふうちょう）、双子、ペガスス、蛇、へびつかい（蛇遣）、ヘルクレス、ペルセウス、ほ（帆）、望遠鏡、鳳凰、ポンプ、水瓶、水蛇、南十字、南の魚、南の冠、南の三角、矢、山羊、山猫、羅針盤、竜、竜骨、猟犬、レチクル、炉、六分儀（ろくぶんぎ）、鷲

資料 ## 黄道 12 星座

　地球上から見て太陽の通り道である黄道には、12 の星座があって、これを黄道 12 星座といい、魚座、獅子座、射手座などがある。これら 12 星座を誕生月といわれることがあるが、それは地球から見て太陽の向こうにある星座になっている。たとえば、8 月頃に生まれた人の星座は獅子座とされているが、獅子座は 8 月頃には地球から見て太陽の向こう側にあるので、地球から見ることはできない。

単元について

実際の観察と資料の活用を

　夜空にはたくさんの星があるが、それらは自分で光っている星（恒星）と恒星の光を反射させて光って見えている星がある。太陽は恒星で、月は太陽の光を受けている部分が光って見えている。宇宙空間から地球を見ると、月と同じように明るく見える部分と暗くなっている部分がある。明るく見える部分は太陽光があたっているのだから昼間であり、暗い部分は夜ということになる。

　星のなかには赤っぽい星もあれば、白く見える星もある。この色の違いは温度の違いで、温度が低い星は赤く見え、温度が高い星は白っぽく見える。ここでは、星の色に違いがあるというだけでなく、星の色と温度との関係がわかるような補助教材や資料も紹介したい。

　月の満ち欠けは、太陽と地球と月の位置関係によるので、詳しくは 6 年生で学習するが、太陽がある側が明るく見えていることは扱いたい。

星座盤

つうのおれえ紙（一）

《やってみよう》
　①星座盤の1等星（☆）を赤くぬってみよう。
　②1等星はどんな所に多いかな？

台紙

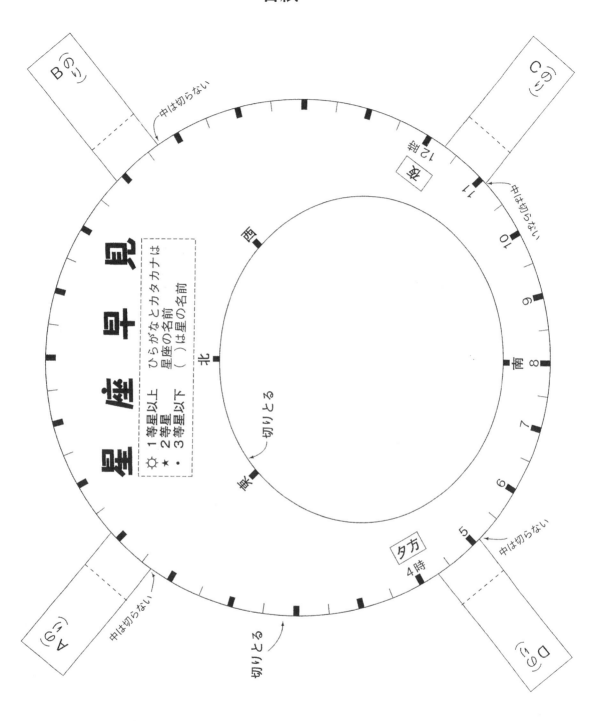

《作り方》
①星座盤、おさえ紙2枚、台紙をそれぞれ切り取る。
②台紙の点線を後ろ側に折る。
③星座盤を台紙の後ろ側に重ねる。
④星座盤をはさむようにして、おさえ紙A・B・C・Dを台紙にのりづけする。

6. 雨水のゆくえと地面の様子

【目標】

(1) 水は高いところから低い方に流れる。

(2) 校庭に降った雨水は校庭の地面にしみこんだり、側溝に流れたりする。

(3) 水のしみこみ方は、土の粒の大きさによって違いがある。

(4) 大雨が降ると水害が起きることがある。

【指導計画】 4時間

(1) 校庭に降った雨水の流れ ……………………………… 1時間

(2) 土の粒の大きさの違いと水のしみこみ方 ………… 1時間

(3) 道路に降った雨水の流れ ……………………………… 1時間

(4) 雨水と水害 ……………………………………………… 1時間

【学習の展開】

第1時　雨水の流れ（校庭に降った雨水の流れが観察できるときに行う）

ねらい　校庭に降った雨水は低い方に流れ、側溝に流れ込んだり水たまりになったりする。

準　備　・校庭の絵（A4用紙に印刷、児童数）

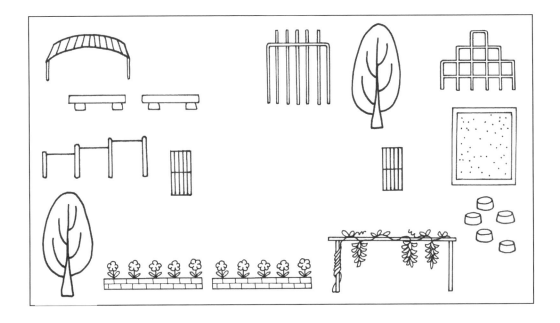

【展　開】

① 雨天時の校庭に水の流れや水たまりができることを思い出させる。

課題① 校庭の雨水の流れや水たまりの場所を調べよう。

② 校庭の雨水の流れや水たまりの場所を調べ、教室に戻って校庭の絵に記入する。

③ 雨水の流れる向きや、水たまりができている場所について、気がついたことを校庭の絵の空いた場所に書く。

④ 雨水の流れは低い方に流れて、水たまりは低いところにできることを確認する。

⑤ 水の流れは校庭の端の側溝に向かっていること、水たまりはみんながよく使う鉄棒などの下のへこんだところにできていることを確認する。

⑥ 水たまりができているところや流れが向かっている方が低いことを、透明な筒にビー玉などを入れた坂発見器（右写真）などを使って確かめる。

実験は筒に水を入れても、筒の代わりにＵ字パイプなどを使っても良い。

右下がり。その先には水たまり

⑦ 「観察したこと、確かになったこと」を自分の言葉で書かせる。

【ノートに書かせたいこと】

校庭の水たまりは鉄棒の下やサッカーゴールの近くにありました。雨水はその水たまりに流れているのもあるし、校庭のはしにあるそっこうに流れているのもあった。水たまりはそこが低いから水がたまって、そっこうに流れていくのは、そっちの方が低くなっているからでした。

第2時　水のしみこみ方の違い

【ねらい】 土の粒の大きさによって水のしみ込み方には違いがある。

【準　備】

・次ページの写真のような実験道具（教師実験用）

・実験道具の中に入れる校庭の土　・砂場の砂　・じゃり

【展　開】

① 1〜2人の子どもに、前時のノートを読ませる。

② 砂場と校庭に同じ大きさのジョウロで水をまき、校庭には水たまりや流れができるのに砂場にはできないことを示す。

③ 「砂場には水たまりも流れもできないのはなぜだろう」と問い、砂場の中にしみ込んだということを引き出す。

④　下の実験道具を示し、中に入れてある校庭の土、砂場の砂、じゃりと同じ物を見せて、手触りや粒の大きさを確認する。

⑤　「校庭の土と砂場の砂とじゃりでは、水のしみ込み方は違うだろうか」と課題を出す。

「課題の意味わかったか」と問い、課題にたいする質問があったら答えてから板書する。

> **課題②**　校庭の土と砂場の砂とじゃりでは、水のしみ込み方は違うだろうか。

⑥　課題を書き、はじめの考えを書く。

⑦　「砂場の中にしみこんだ」「砂は水がしみこみやすい」などの意見が予想されるので、2～3人の意見を聞いた後で実験する。

⑧　右の写真のような実験道具で教師実験をして、しみ込み方が早いのは、じゃり、砂、土の順であることを確認する。

⑨「実験したこと、確かになったこと」を自分の言葉で書かせる。

ノートに書かせたいこと

　砂場に水たまりができにくいのは、砂の方が、水がしみこみやすいからだった。校庭の土と砂場の砂とじゃりをペットボトルに入れて水を流したら、じゃり、砂の順に水が早く流れてきた。

Column コラム

　日本は雨の多い国である。地上に降った雨水は地面にしみ込むが、雨量が多いときは校庭から見ているとしみ込みきれない雨水がたまってくるのがわかる。

　斜面に降った雨水も同様に地面にしみ込むが、大量の水を含みきれなくなると、崖崩れを起こしてしまう。その結果、斜面下の道路が通れなくなったり、下にある家屋が押しつぶされたりすることがある。

2019 年の台風 19 号によるがけくずれ
（朝日新聞　2019 年 10 月 16 日（水）　朝刊 14 版）

第３時　道路に降った雨水のゆくえ

ねらい　道路に降った雨水は道路の側溝から地下の下水管に流れる。

準　備

・学区域（学校の近く）の道路地図（マンホールを記入してある説明用地図）

・学区域付近のマンホールのふた（雨水、汚水、電話など）の写真

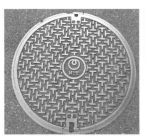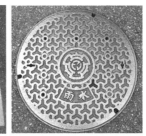

展　開

① 　１〜２人の子どもに、前時のノートを読ませる。

② 　舗装道路に降った雨水はしみこめない。どこに流れていくのだろう、と課題を出す。

「課題の意味わかったか」と問い、課題にたいする質問があったら答えてから板書する。

課題③　（学校正門前など）舗装された道路に降った雨水はどこに流れていくのだろう。（はじめは、子どもがイメージをもてる場所を指定し、その後、学区域へと広げる）

③ 　自由に話し合い、道路脇を流れて地下に流れ込む場所があることを引き出す。

④ 　地下に流れた雨水はどうなるか考えさせるが、意見がなければ、地下に下水管があることを説明する。

　いろいろなマンホールのふたの写真を見せ、雨水や汚水と書かれたマンホールの下に下水管があること。マンホールは、水道局の人が下水管の修理や点検掃除のために降りる穴であることを話す。

⑤ 　３〜４カ所の雨水マンホールを地図に示し、この下水管に雨水が流れていくこと、下水管は地下でつながっているので、その水は最終的には川や海に流れていくことを話す。

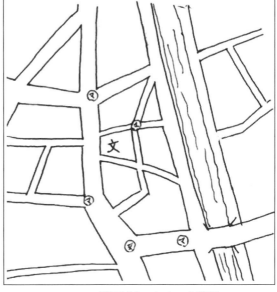

学区域のマンホール地図

第1時で、雨水が校庭の側溝に流れていったことを見ているので、その水も川に流れていったり下水管につながっていたりすることも付け加える。

⑥ 「資料を見て確かになったこと」を自分の言葉で書かせる。

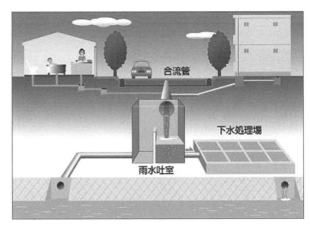

地下の下水道には、流しの排水やトイレで使われた水、道路の側溝を流れた雨水などが流れ、下水処理場で処理されて、川に流される。図はさいたま市HPより

ノートに書かせたいこと

道路に降った雨はしみこむことができないので、道路のはしを流れて道路の下に流れていた。その水はその後どうなるのか考えた。その後は下水管に流れることがわかった。下水管はいろんなところにあって、下水のマンホールがあることも初めて知った。

第4時　雨水と水害

ねらい　たくさんの雨が降ると水があふれたり、水がたまったりする場所がある。

準　備

・大雨によるさまざまな災害が載っている新聞やネットの映像資料など

展　開

課題④　大雨が降って下水管に水がいっぱいになると、どんな災害が起こるだろう。

① 考えられることや知っていることを書き出す。

② 新聞やニュースなどを見ながら話し合う。

③ 自分たちが住んでいる地域で起きそうなことを考えさせる。

道路脇の側溝に流れ込む雨水

ノートに書かせたいこと

　大雨が降ると校庭も水びたしになるけど、道路に降った雨が全部下水管に流れて下水管がいっぱいになり、マンホールのふたが持ち上がったり、急に飛び上がったりすることもあるそうだ。また、低いところに水がたまってそこが道路だと通れなくなることもある。線路の下の地下道に水がたまって自動車が出られなくなったこともあるそうだ。山の方に大雨が降るとがけくずれなども起きるので、気をつけなければならないと思った。

Column コラム

大雨の恐怖

　2019 年 10 月 12 日、大型で非常に強い台風 19 号が東日本を縦断した。この台風は太平洋の湿った空気を引き込んで巨大な雨雲をつくり、非常に広い範囲に大量の雨を降らせた。その結果、山間部に降った雨が支流に流れ込み、支流から本流に集まるなかで、千曲川、多摩川、那珂川、阿武隈川などの河川の氾濫、堤防の決壊が起こり、泥を含んだ川の水は濁流となって民家に流れ込んでいった。その数、71 河川 135 カ所（10 月 20 日現在）におよんだ。

　河川の氾濫や堤防の決壊がなくても、勢いよく流れる川の水は川岸を削り、川沿いの道路を破壊したり、橋を崩落させたりした。

　この災害で、床上浸水、断水、道路の冠水、流木や土石流による家屋の崩壊、鉄道の断線、農作物の壊滅的被害、家畜の水死、土砂の海への流出（養殖海産物への被害）などの影響が出た。

　大雨による被害ができるだけ小さくなるように、大量の雨水を蓄えるための調整池が作られている河川もある。荒川の調整池である彩湖や渡良瀬川（利根川水系）の渡良瀬遊水池にも大量の水が流れ込んでいて、これらが機能して下流の洪水を防ぐことにつながったという見方もある。

千曲川の決壊
（朝日新聞　2019 年 10 月 14 日（月）朝刊 14 版）

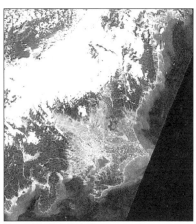

海に流れ込んだ土砂
（朝日新聞　2019 年 10 月 17 日（木）　朝刊 14 版）

　雨は土にしみ込んで大地を潤し、そこに住む動物やそこで育つ植物には欠かせない。しかし、地面が受け止めきれないほどの多量の雨は、大地を一変させてしまうほどの破壊力をもつ。そんな現実もしっかり受け止められるようにしたい。

「雨水のゆくえと地面の様子」は、大雨による水害に目が向くように

　この単元は、単に校庭に降った雨水が地中にしみこんだり、側溝に流れていったりすることをとらえることだけがねらいではないと考える。校庭での学習から、地域に降った雨がどこにどのように流れていくのか、大雨になるとどんな水害の危険があるのかをとらえ、地域の水害から身を守ることにつなげるようにしたい。この授業プランは、日本では多くの人が住む低地を念頭につくっているので、このプランに当てはまらない地域もある。そのような場合には、第3時以後の内容をその地域にあわせて組み替えて授業を行うことをおすすめしたい。

　4年生の社会科でも水道についての学習がある。自治体によっては上下水道のしくみなどのパンフレットを配布しているので、それらも活用できる。

　なお、どの地域にも各自治体がHPなどで公開しているハザードマップがある。そのハザードマップを使って地域の危険箇所などを学習することも有効である。ただし、土砂災害の危険性があるような場所に住んでいる児童もいることを考えると、その扱いは十分に気をつけなければならない。

7．空気と水

物の体積

【目標】

物には体積があり、一定に空間を占める。

(1) 物は場所を取り、その大きさを体積という。

(2) 物の体積を水の体積に置き換えてはかることができる。

(3) どんな小さなものにも体積がある。

体積変化を扱う前に

　教科書では、「空気と水」の単元で、注射器に閉じ込めた空気や水を押してその体積変化や手応えの違いを調べさせようとしている。

　また、「物の体積と温度」の単元でも、「空気、水、金属を温めて、それぞれの体積はどのように変化するかしらべてみましょう。」とあり、どんなものにも体積があるということは、子どもたちにとって周知のこととして扱われているのである。しかし、この学習の前提となる空気や水の体積には、２年生の算数で「水のかさ」を学習しているだけで、「物の体積」の学習はない。

　そこで、「空気と水」や「物の体積と温度」の単元の前に、「物の体積」の学習を４時間、できなければ、内容を統合してせめて２～３時間は組んでおきたい。

【指導計画】　４時間

(1) 粘土がいっぱい入った入れ物に乾電池を押し込むと、その分だけ粘土がはみ出る。

(2) 水がいっぱい入ったビーカーに物を沈めると、その分だけ水があふれる。

(3) 石を水の入ったメスシリンダーに入れて、上がった水位で石の体積がはかれる。

(4) ホチキスの針を水の入ったガラス管に入れると、わずかだが水位が上がる。

【学習の展開】

１．物の場所取り

第１時　物の体積

ねらい　物は場所を取りその大きさを体積という。

準 備

・金属製プリンカップに粘土をいっぱいに詰め込んだもの　・単一乾電池

展 開

① 金属製プリンカップに粘土をぎりぎりまで入れたものを見せ、「この中に乾電池を入れると粘土はどうなるだろう」と問いかける。

質問❶ 入れ物いっぱいに粘土が入っている。この中に乾電池を押し込むと、粘土はどうなるだろう。

② 子どもたちを教卓に集め、実際にやってみせる。乾電池を 2 cm ほど押し込んだところで、乾電池を抜くとそこには穴があいているのを見せ、「ここにあった粘土はどうしたの？」と聞き、「乾電池に場所を取られてどかされた」ということを引き出す。

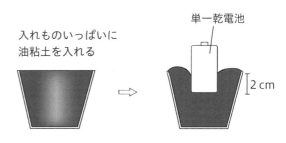

入れものいっぱいに
油粘土を入れる

単一乾電池

2 cm

③ 定規を使って、盛り上がった部分の粘土を削り取り、乾電池が入っていた穴に詰めると、ほぼいっぱいになる。乾電池が粘土の中に入った大きさの分だけ、粘土がどかされたことを確認する。ここで、物が取る場所のことを "体積" ということを教える。

④ ビーカーの中に大きな石と小さな石を入れ、「どちらがたくさん場所を取っているだろう」と聞く。大きい石の方がたくさん場所を取っているので、大きい石の方が "体積が大きい" ということを話す。

⑤ 「実験したこと・確かになったこと」を書かせる。

ノートに書かせたいこと

　初めにねん土の入った入れ物にかん電池をおしこんでいきました。すると、ねん土がかん電池の周りから盛り上がってきました。かん電池が入ったからねん土がおし出されてきました。かん電池をぬいてその穴にはみ出したねん土を入れてみたら、かん電池を入れた穴にちょうど入りました。ねん土は入れたかん電池の分だけおし出されていました。

　おふろの湯がまんぱいの時、ぼくがそこに入ったら外にお湯があふれるから、それといっしょだと思いました。結果は、はみ出ました。やっぱり、2 つの物は同じところにはいられませんでした。「物が取っている場所の大きさを体積」と言うことがわかりました。

２．物の体積と水

第2時　物の体積調べ①

ねらい　物の体積を水に置き換えて量る。

物の体積だけ
水があふれることを
示す動画

準　備

・ビーカー　・プリンカップいっぱいに粘土を入れた物　・粘土

展　開

① プリンカップに粘土をすり切りいっぱい入れたものと、粘土で斜めに支えておいたビーカーの口のところまで水が入ったものを見せる。それから、「このプリンカップの中の物をビーカーの中に入れたら、水はどうなりますか」と聞き、次の課題①を出す。

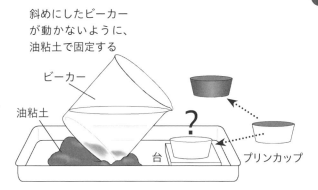

斜めにしたビーカー
が動かないように、
油粘土で固定する

ビーカー

油粘土

？

台

プリンカップ

課題①　ななめにしたビーカーに水がいっぱい入っています。プリンカップいっぱいにつめこんだ物をそのビーカーに入れます。あふれた水は元のプリンカップいっぱいになるだろうか。

② 「はじめの考え」を書かせてから話し合う。まず、どの考えの子が何人いるのか手を上げさせて調べ、少数意見から発表させる。

③ 「友だちの意見を聞いて」を書かせる。

④ もう一度意見分布をとり、意見を変えた子から発言させる。

⑤ 実験を見せる。まず、ビーカーの水があふれたら自然に流れるように、ビーカーの口にガラス棒を立てておき、流れ出た水を捨ててから、プリンカップの中の物をビーカーの水の中に静かに入れる。あふれた水がガラス棒を伝ってプリンカップいっぱいになる。

⑥ 実験したこと、確かになったことを書かせる。

ノートに書かせたいこと

プリンカップに入っていたねん土を水の入ったビーカーに入れて水をあふれさせると、ちょうどプリンカップいっぱいになりました。プリンカップに入っていたねん土の体積と、あふれてきた水の体積が同じだと分かりました。

3．小石の体積をはかる

第3時　物の体積調べ②

ねらい　石を水の中に入れて石の体積をはかる

準 備

・メスシリンダー　・メスシリンダーに入れられる大きさの小石（各、グループ数）

展 開

① 小さな石を子どもたちに見せて、「この石に体積はありますか」と聞く。あると答えると思うが、その後、課題②を出す。

課題②　石の体積は、どのようにしてはかったらよいだろうか。

② 「自分の考え」を書いてから話し合う。ここでは、前の課題のようにビーカーを斜めにしてその中に石を入れて水をあふれさせて、その水の体積を測る方法と、右の図のように水の入ったメスシリンダーに石を入れて水の上昇分で体積をはかるという2つの方法が出てくればよい。

③ グループごとに実験して小石の体積を調べる。

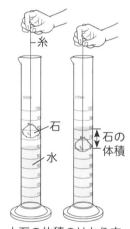

小石の体積のはかり方

つけたしの実験

1mLのプラスチック製の立体を1つずつ水の入ったメスシリンダーの中に入れると、目盛が1mLずつ上がっていくことを確かめる。また、1円玉や10円玉などの体積を調べさせる。

④ 「実験したこと・確かになったこと」を書かせる。

ノートに書かせたいこと

　今日は石の体積を測りました。前の実験のようにビーカーをななめにして水をいっぱいに入れ、そこに石を入れてあふれた水の体積をはかればいいと思いました。でも、もっと簡単な方法がありました。それはメスシリンダーに水を入れ、そこに直接石を入れて、水面がどれだけ上がったかを調べればいいという方法でした。石の体積はだいたい4mLでした。

4．ホチキスの針1本の体積

第4時　小さなものの体積

ねらい　小さなものにも体積がある。

準 備

・ホチキスの針1本　・教材提示装置など

展 開

① ホチキスの針1本を見せ、次の課題③を出す。

課題③ ホチキスの針1本に体積はあるのだろうか。

② 「はじめの考え」を書かせてから話し合う。まず意見分布を聞いて、少数意見から発言させる。

③ 「友だちの意見を聞いて」をノートに書かせ、意見変更した子から発言させる。

④ ガラス管に水を入れ、それを粘土にさして、水面のところにビニルテープで印をつけてから、教材提示装置でテレビに映し出す。そして、ホチキスの針を1本ずつ伸ばして入れていく。水位が徐々に上がっていくことを確かめる。

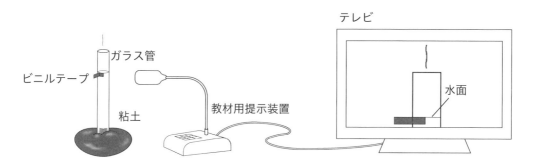

つけたしの実験 STEP UP!

「ホチキスの針に体積はあることはわかったけれど、ホチキスの針1本の体積を調べるにはどうしたらよいだろう」と聞き、簡単に意見を言わせたあと、ホチキスの針200本分が約1mLになることを確かめ、1本あたり0.005mLになることを知らせる。

⑤ 「実験したこと・確かになったこと」を書かせる。

ノートに書かせたいこと

　小さなガラス管に水を入れてねん土にさし、そこにのばしたホチキスの針を1本ずつ入れていくと水面が少しずつ上がっていくのがわかりました。あんなに小さな針1本にも体積があることがわかりました。

　次に、ホチキスの針1本の体積を調べました。メスシリンダーに水を入れて、そこにホチキスの針200本を入れたら、やっと1mLになったので、計算して求めると、1本あたり0.005mLだということがわかりました。

空気と水

【目標】

空気には体積や重さがあり、空気も物である。

    (1) 空気も場所を取る。

    (2) 空気は圧縮性が著しい。

    (3) 空気にも重さがある。

    (4) 空気の圧縮性を利用したおもちゃで遊ぶ。

【指導計画】　8時間

(1) 空気も場所を取る。

    ① 空気は水中では泡として見える。………………………………………… 1時間

    ② 水中に逆さまに入れたコップに水は入らない。……………………… 1時間

    ③ 空気が入っているフラスコには水は入らない（空気が出ると水が入る）。… 1時間

(2) 空気の圧縮性は著しい。

    ④ 注射器の中の空気を押すと中の空気の体積は縮めることができる。ただし、押しつぶすことはできない。………………………………………… 1時間

    ⑤ 容積が 600mL のボンベにそれ以上の空気を押し込むことができる… 1時間

(3) 空気にも重さがある。

    ⑥ 空気に重さがある。………………………………………………………… 1時間

    ⑦ 空気 1L の重さは、約 1.2g である。 …………………………………… 1時間

(4) 空気の圧縮性を利用したおもちゃで遊ぶ（空気でっぽう、水ロケット）…… 1時間

【学習の展開】

1．空気は水の中では泡

第1時　空気の存在①

ねらい　空気は水の中に入れると、泡として見ることができる。

展開

① 空気の入った透明なポリ袋を見せて、「この中には何が入っていますか」と聞き、次の質問を出す。

質問　ポリ袋の中に空気が入っていることをどうやって調べたらよいだろうか

② 子どもたちから出てきた方法を一通り確かめたあと、「空気は、水の中に入れると泡になって見える」という方法が出ていなければ、ここで確かめさせる。

③ 実験の後、固体・液体・気体の話をし、目の前にある固体の物、コップに入った水、ポリ袋に入れた空気などを見せてから、個体・液体・気体には、このほかにどんなものがあるのかを話し合ってみる。

④ 「実験したこと・確かになったこと」を書かせる。

ノートに書かせたいこと

今日は、ふくろの中に空気が入っているしょうこをさがしました。はじめは、ふくろをおして風が出ることや、ふくろにあなをあけて、そこから出る風を調べました。つぎに、水を入れた水そうに空気の入ったふくろを入れて、ふくろのあなから出てくるあわを見ました。あわが出ているところがあながあいているところだと分かりました。ふくろから出た空気があわとなって見えました。

最後に先生が、固体、液体、気体の話をしました。空気は気体だそうです。

2. ハンカチぬれるかな

第2時　空気の存在②

ねらい　空気の入ったところに水は入らない。

展開

① ハンカチの入ったプラコップを見せ、水の中に逆さまに入れるような動作をしながら、次の課題①を出す。

課題① コップの中にハンカチが入っています。このコップを水の中に逆さまにして入れると、中のハンカチはぬれるだろうか。

② 「はじめの考え」を書かせてから話し合う。意見分布を聞いて、少数意見から発言させる。

③ 「友だちの意見を聞いて」をノートに書かせ、意見変更した子から発言させる。

④ グループ実験をさせる。ハンカチのかわりに付箋をコップの底にはりつけてもいい。

⑤ 子どもたちを教卓に集め、「では、中のハンカチをぬらすにはどうしたらいい」と聞き、

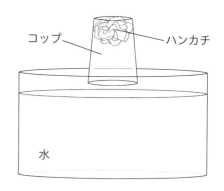
コップ　　ハンカチ　　水

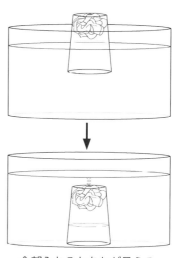
全部入れるとあわが見える

「コップを斜めにすればいい」などの意見を確かめたあと、コップの底に穴を開けて、空気が泡となって出て行くことを見せる。

⑥　「実験したこと・確かになったこと」を書かせる。

ノートに書かせたいこと

　コップの中にハンカチを入れさかさまにして、水の中に入れると、中のハンカチがぬれるかの実験をしました。結果は、ぬれませんでした。なぜかというと、コップの中の空気がじゃまをして水がコップの中に入ってこないからでした。中の空気を出せば水が入ってくるので、ハンカチはぬれるけど、コップの向きを変えないで空気をぬくには、コップの底にあなをあければいいことがわかりました。あなをあけて、そのまま水の中にしずめたら、そこからあわが出てきて、コップの中の水面が上がり、ハンカチがぬれました。

3．空気の存在

第3時　空気の存在から空気の体積へ

ねらい　空気も場所を取り、空気が出れば水も入る。

空気も場所を
占めていることを
示す動画

準　備

・図Aと図Bのような実験装置

展　開

①　子どもたちを教卓の周りに集め、フラスコにろうととガラス管をゴム管で繋いだものを見せる。ゴム栓を外した状態では、ピンチコックを外してガラス管の先からフラスコの中に水が流れることを見せて、実験装置のつくりを説明しておく。その後ゴム栓をしっかりはめ、ピンチコックでゴム管を閉じ、水をろうとに満たしてから、次の課題②を出す。

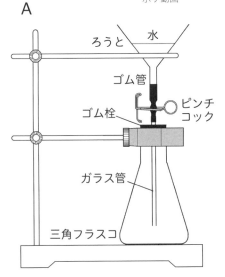

A

ろうと　　　水
ゴム管
ゴム栓　　　ピンチコック
ガラス管
三角フラスコ

課題②　図のようにして、フラスコの上のろうとに水を入れてピンチコックを開くと、ろうとの中の水は全部フラスコに入るだろうか。

②　「はじめの考え」を書かせてから話し合う。まず意見分布を聞いて、少数意見から発言させる。

③　「友だちの意見を聞いて」をノートに書かせ、意見変更した子から発言させる。

④　討論のなかで、フラスコの中の空気の存在に着目させるようにし、空気があると水が入っていけるのかを話し合わせるようにする。

⑤　子どもたちを教卓の周りに集め、実験をする。（水は入らないことを確認）

⑥　このあと、どうすれば、ろうとの中の水がすべて入るのかを聞き、フラスコの中の空気を抜けばいいことを引き出す。そして、図Bの実験装置で、小さなビーカー（50mL）に水をいっぱい入れると、空気が 50mL、水上置換で集められることを見せる。

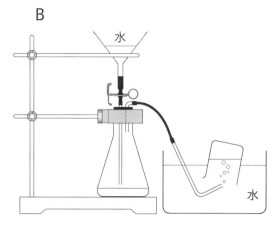

⑦　「実験したこと・確かになったこと」を書かせる。

ノートに書かせたいこと

　ろうとの下のピンチコックをあけたら、ろうとの中の水は全部フラスコの中に入っていくかの実験をしました。結果は、少しは入るけど、全部は入りませんでした。なぜなら、フラスコの中の空気がじゃまをしていたからでした。中の空気のにげ道を作ると、ろうとの水がスーッと入っていき、すいそうの水の中に空気があわになって出てきました。最後に、50mL の水を入れると、ビーカーの中に 50mL の空気がたまりました。

4．空気と水の圧縮性

第４時　水と空気の圧縮性

ねらい　空気は押し縮められるけれど、完全には押しつぶすことができない。水は押し縮められない。

準　備
・50mL 浣腸器（グループ数）　・ゴム栓（グループ数）

展　開

①　2 本の浣腸器のそれぞれに空気と水を 30mL 入れて、ゴム栓をつけたものを用意し、子どもたちに見せ、次の課題③を出す。

課題③　出口をふさいだ浣腸器に空気が 30mL 入っています。ピストンを押すと中の空気の体積はどうなるだろうか。

②　「はじめの考え」を書いてから話し合う。まず意見分布を聞いて、少数意見から発言させる。

③　「友だちの意見を聞いて」をノートに書かせ、意見変更した子から発言させる。

④　グループ実験をさせる。

⑤　次に、子どもたちを教卓の周りに集め、水が 30mL 入った浣腸器を見せ、水が縮むかを聞く。そのあとすぐ実験して見せ、空気とは違うことを確認する。

⑥　「実験したこと・確かになったこと」を書かせる。

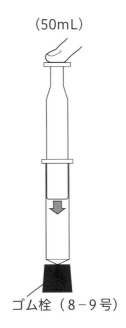

(50mL)

ゴム栓（8－9号）

ノートに書かせたいこと

注射器に入っている空気をおすと体積が小さくなるのかを実験しました。実験してみると半分くらいまで縮みました。おすのをやめると元にもどりました。そのあと、先生が水を注射器に入れて縮むかを実験して見せてくれました。でも、水はおしても縮みませんでした。

5．バルブ付き気体ボンベで空気の重さをはかる

第5時　空気の圧縮性

ねらい　空気は圧縮性が著しい。

準　備

・自転車のタイヤのバルブをつけた気体ボンベ（⇨ p.107「ボンベの作り方」参照）

展　開

①　自転車のタイヤのバルブをつけた気体ボンベを見せ、その構造を説明し、ボンベの中には空気が入っていることを話す。そして、次の課題④を出す。

課題④　このボンベは周りと同じように空気が入っています。自転車の空気入れを使って、この中にもっと空気を入れることができるだろうか。

②　「はじめの考え」を書かせてから話し合う。まず意見分布を聞いて、少数意見から発言させる。

③　「友だちの意見を聞いて」をノートに書かせ、意見変更した子から発言させる。

④　ボンベの数が用意できれば、グループ実験でもいい。バルブに空気入れをつないで、空気を入れていくと手ごたえがだんだん重くなり、ボンベを持っていると暖かくなってくることがわかる。

自転車用の
バルブ

⑤ どれくらい余分に空気が入ったのかを調べる方法として、メスシリンダーなどを使って水を満たし、水を入れた水槽の上で逆さにして、そこにボンベの空気を水上置換で入れると2～3Lは空気が入っていたことがわかる。

⑥ 「実験したこと・確かになったこと」を書かせる。

※ ここでは、ボンベの中にたくさんの空気が入ってしまうので、「物の体積」の学習でとらえた認識がいったん否定されることになる。そこで、資料「飛び回る気体分子の話」（⇨ p.105）を読んで、空気には圧縮性があり、押すと縮む性質があり、これは固体や液体とは違う空気（気体）特有の性質であることを説明する。

ノートに書かせたいこと

ボンベの中には、はじめに入っていた空気のほかに3Lも空気が入りました。空気入れで空気を入れているとき、だんだん空気入れを強くおさないと空気が入らないと〇〇君が言っていました。水そうに水をいっぱい入れた1Lのメスシリンダーをさかさまに立ててボンベの中の空気を出していきました。1Lのメスシリンダーで3本分くらいの空気が入りました。こんなに空気が入るとは思いませんでした。空気はすごくおし縮められることがわかりました。

第6時　空気の重さ

ねらい　空気にも重さがある。

空気にも重さが
あることを示す動画

準備　・上皿天秤　・粘土　・自転車のバルブを付けたボンベ

展開

① 自転車のバルブ付きのボンベを用意し、上皿天秤に載せ粘土と釣り合わせておく。そして次の課題⑤を出す。

課題⑤　上皿天秤の上で、ボンベと粘土が釣り合っています。ボンベに空気を入れて上皿天秤にのせたら、ボンベの方は上に上がるか、下がるか、それとも釣り合ったままだろうか。

② 「はじめの考え」を書かせてから話し合う。まず意見分布を聞いて、少数意見から発言させる。

＜みんなの考え＞（意見分布）

　　　ア　上に上がる………〇〇人

　　　イ　下に下がる………〇〇人

　　　ウ　つり合ったまま…〇〇人

　　　エ　見当がつかない…〇〇人

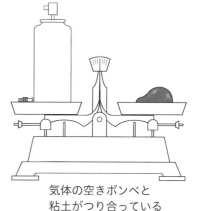
気体の空きボンベと
粘土がつり合っている

いろいろな意見の例

● 「見当がつかない」

　空気に重さがあるのかないのかわからないから、ボンベの方が重くなるのか軽くなるのかわからないからです。

● 「上に上がる」

　公園などで風船が上がっているのを見たことがあるから、空気には軽さがあって空気が入ると軽くなるのではないかと思ったからです。

● 「下に下がる」

　注射器の中に空気を入れてピストンをおしたとき、完全には下に下がらなかったし、水の中ではあわになるから、空気も物で重さがあると思うので、ボンベの方が下がると思います。

● 「つり合ったまま」

　空気は目に見えないし、手にも重さを感じないから、空気には重さがないと思う。なので、空気を入れてもボンベの重さは変わらないのでつり合ったままだと思います。

③　「友だちの意見を聞いて」をノートに書き、意見変更した子から発言させる。

④　子どもたちを教卓の周りに集め、ボンベの方が上がったら「空気には軽さがあるということ」、ボンベの方が下がったら「空気には重さがあるということ」、つり合ったままなら「空気には重さも軽さもないということ」を確認する。

　　それから、ボンベに空気を入れ、それを天秤に載せる。

　　わずかだが、ボンベの方が下がる。「空気に重さがあるということ」を確認する。その後、ボンベを上皿天秤に載せたままバルブを緩めると、シューッと音を出しながら空気が抜けていき、また粘土と釣り合うようになる。

⑤　「実験したこと・確かになったこと」を書かせる。

▶ ノートに書かせたいこと ◀

　上皿天びんの上で、この前使ったボンベをねん土とつり合わせておいて、ボンベに空気をつめこんでもう一度天びんにのせました。すると、ボンベの方が下がりました。つまり、空気にも重さがあることが分かりました。そのあと、ボンベをのせたままバルブをゆるめてみると、シューッと空気がぬける音がして、だんだんボンベの方が上がってきて、音がしなくなると天びんは元にもどりました。このことから、空気にも重さがあって、ボンベに空気をつめこむと重くなり、ぬくと元の重さになることがわかりました。この実験で確かになったことは、空気にも重さがあるということです。

第7時　空気1Lの重さ

ねらい　空気1Lの重さは約1.2gである。

展　開

① 空気に重さがあることを確認したあと、次の課題⑥を出す。

課題⑥　空気1Lの重さをはかろう。

② まず、子どもたちを教卓の周りに集め、1Lの重さをはかる方法を簡単に聞いた
あと、実験してみせる。ボンベの数と時間に余裕があれば、グループ実験として子
どもたちにもはからせたい。

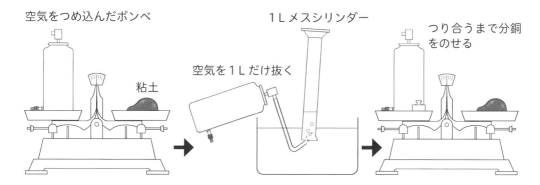

③ 「実験したこと・確かになったこと」を書かせる。

ノートに書かせたいこと

今日は、空気1Lの重さを調べました。最初に、空気をボンベにいっぱいつめこんで、
上皿てんびんにおき、ねん土とつり合わせました。次に、そのボンベから空気を1Lだ
けぬくと、空気1L分だけ軽くなるので、そこに分銅をのせてつり合わせました。分
銅は1.2gでした。だから空気1Lの重さは1.2gだということがわかりました。

6．空気の圧縮性を利用したおもちゃ

第8時　空気でっぽう・水ロケット

ねらい　空気のばねのような性質を存分に味わう。

ここでは、教材キットなどの空気でっぽうを使って、空気のばねのような性質を思
う存分体験させたい。また、時間的な余裕があれば、1.5Lの炭酸飲料用ペットボトル
にボールの空気入れを差し込んだゴム栓をセットして、水ロケットを経験させたい。

水ロケットの作り方

❶ 7～8号のゴム栓に千枚通しで穴をあける。

❷ ボールの空気入れ用の針をゴム栓に通す。

空気入れ用の針

❸ 1.5Lの炭酸飲料水用ペットボトルにガイドになる筒をビニルテープなどで固定する。

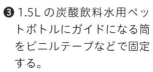

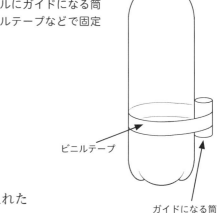

ビニルテープ

ガイドになる筒

水ロケットのとばし方

❶ 校庭など広い場所に、鉄製スタンドと水を入れたバケツ、プラスチックのビーカー、空気入れとペットボトルを持っていく。

❷ ペットボトルの3分の1程度水を入れ、ゴム栓をしっかり差し込み、鉄製スタンドにガイドの筒を通してセットする。この時、空気入れと発射台はなるべく離す。

❸ 空気入れのハンドルを何回か押すと、やがてゴム栓が外れ、ペットボトルは水を噴き出しながら高く上がっていく。かなり勢いよく上がっていくので、絶対にペットボトルを上からのぞき込むことのないように注意する。

❹ 水の量を加減してやってみるのも面白いが、空気だけではほとんど飛ばないし、水だけにしてしまうと、重すぎて飛ばない。

栓をする

ペットボトルにビーカーで水を入れる。

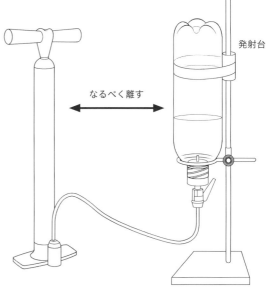

発射台

なるべく離す

ボンベの作り方

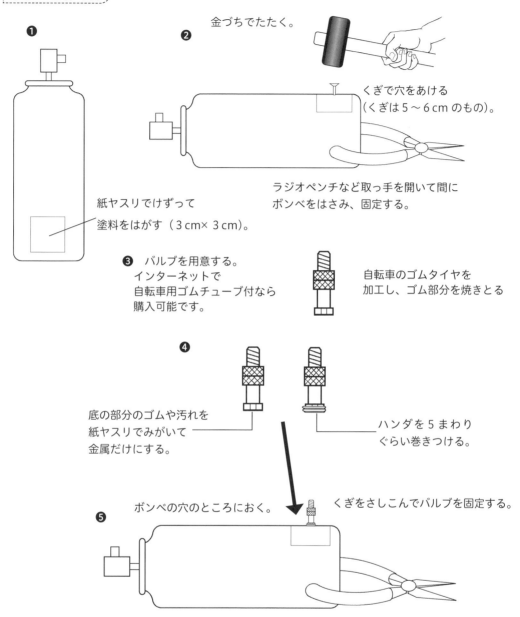

❶
紙ヤスリでけずって
塗料をはがす（3 cm × 3 cm）。

❷ 金づちでたたく。

くぎで穴をあける
（くぎは 5〜6 cm のもの）。

ラジオペンチなど取っ手を開いて間に
ボンベをはさみ、固定する。

❸ バルブを用意する。
インターネットで
自転車用ゴムチューブ付なら
購入可能です。

自転車のゴムタイヤを
加工し、ゴム部分を焼きとる

❹
底の部分のゴムや汚れを
紙ヤスリでみがいて
金属だけにする。

ハンダを 5 まわり
ぐらい巻きつける。

❺ ボンベの穴のところにおく。

くぎをさしこんでバルブを固定する。

ラジオペンチなどの取っ手を開いて間にボンベをはさみ固定する。

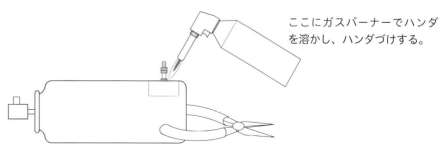

ここにガスバーナーでハンダ
を溶かし、ハンダづけする。

❻ ボンベが冷えてからくぎをとり、虫ゴムを入れて完成。空気入れで空気を入
れ、水につけ、ハンダづけしたところから空気が出ていないか調べる。

飛び回る気体分子の話

物は分子といわれるひじょうに小さい粒からできています。この分子の大きさは、およそ1億分の1cmで、顕微鏡でさえ見ることができません。気体の分子と分子の間には、分子自体の大きさに比べるとかなり大きいすき間があります。ボンベにたくさんの空気を押し込むことができたのは、すき間があったからなのです。液体や固体の物がほとんど押し縮められないのは、分子と分子のすき間がずっと小さいので、もうそれ以上すき間を小さくすることができにくいからです。

気体は、分子と分子の間が大きくあいているということで、気体の分子の数は少ないのではないかと考えるかもしれませんが、空気1Lの中にはなんと1兆の3000万倍ぐらいの分子が入っているのです。それでも、分子の大きさから見ればすき間だらけです。そのすき間には何もなく、からっぽなのです。この何もない空間のことを「真空」とよんでいます。空気をビニル袋に入れるとビニル袋はすき間だらけなのです。それでもビニル袋がしぼまないのはどうしてでしょう。1億分の1cmというひじょうに小さい分子は1秒間に数百m、つまり時速数百kmという新幹線よりはるかに速いスピードで一直線にいろいろな方向に飛び回っているのです。

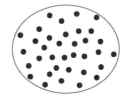

気体

粒と粒の間が広くあいている

液体

粒と粒の間がせまくなっている

個体

粒と粒の間がせまく、きちんと並んでいる

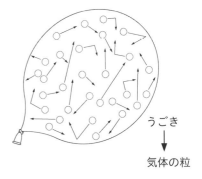

うごき

気体の粒

そんな分子がいっぱい飛び回っているので自分の大きさの1000倍もいかないうちに次々にほかの分子にしょうとつしてしまうのです。1秒間に1億回ぐらいしょうとつし、はねかえってはまた直進しているのです。このような分子がビニル袋の内側にもぶつかっているので、ビニル袋はつぶれないというわけです。

参考図書『気体も物である』（玉田泰太郎著、日本書籍）

単元について
空気の体積と重さを学習する意義

　４年生の「空気と水」という単元では、「空気は押し縮められること」が大きなねらいである。それには「閉じ込められた空気は一定の場所を取っていること、そして、その空気に力を加えるとその場所の大きさ（体積）が小さくなるということ」がとらえられるようにしなければならない。そこで、まず「空気も場所を占めている（体積がある）」ことを学習する必要がある。

　また、私たちは空気の中で生活しているので、空気の重さを感じることはない。しかし、ほかの物と同じように、「空気にも体積や重さがある」ことが分かると、空気もほかの液体や固体の物と同じように、“物”としてとらえられるようになる。そして、「物の体積と温度」「水の３つのすがた（物の温度と三態）」といった学習のなかで、空気も物であることが徐々にとらえられるようになっていく。さらに、そうした学習を積んでいくと、空気も含めて物は目には見えない小さな粒“分子”でできているからだということが、いろいろな現象を説明するうえで有効だということがわかっていく。そこで、子どもたちの疑問に答えるかたちで、資料「飛び回る気体分子の話」を提示したい。ただし、この話をしたからと言って、子どもたち全員がこの時点でわかったということにはならないだろう。この後の「物の温度と体積」や「水の３つのすがた（物の温度と三態）」の学習を通して、だんだんととらえられるようになっていけばよいと思う。

8．物のあたたまり方

【目標】

(1) 物は熱せられた部分から温度が高くなる（伝導）。

(2) 水や空気は、加熱されて温度が高くなるとその部分が浮き上がる（対流）。

(3) 温度の違う物が接すると、温度の低い物の温度は高くなり、温度の高い物の温度
は低くなり、やがて同じ温度になる（温度平衡）。

【指導計画】　8時間

(1) 固体の金属のあたたまり方……………………………… 2時間

(2) 液体の水のあたたまり方………………………………… 2時間

(3) 気体の空気のあたたまり方……………………………… 1時間

(4) 温度が違う物がガラス越しに接している時の温度変化… 1時間

(5) 空気の温度変化…………………………………………… 2時間

【事前準備】

(1) この単元と「物の温度と体積」「物の温度と三態（温度と水のすがた）」では、高
温の水（湯）を使ったり、加熱器具を使ったりする実験が出てくる。加熱したあと
のガラス器具や加熱器具などは、見た目には温度が下がったように見えてもかなり
熱いことがある。実験中や後片付けのときには十分に注意することを徹底させたい。

(2) ガラス器具のひび割れなどは思わぬ事故のもとになるので、見つけしだい廃棄処
分し、安全な実験器具を使用するように点検す
る必要がある。

(3) 温度を調べるのに棒温度計を使う。棒温度計
は±1℃程度の誤差がある。そこで、バケツに
水を張ってその水に温度計を入れて10分ほど
放置し、同じ温度を示す温度計を選んでおくと
よい。

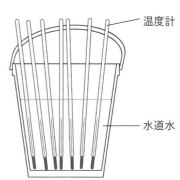

温度計

水道水

【学習の展開】

第1時　固体の金属のあたたまり方　①

ねらい　金属は熱せられた部分から順に温度が高くなる。

準 備

・ロウを塗った 10 ｃm四方の正方形銅板（２枚）　・実験用ガスコンロ（教師用）

・ロウを塗った 10 ｃm四方の正方形銅板の一部を切ってコの字型にしたもの（１枚）

展 開

① 「ロウを塗った正方形の銅板の中央を加熱
　 すると、ロウはどのように溶けるだろう」と
　 問い、数人の意見を聞いてから実験する。銅
　 板は加熱したところから順にあたためられる
　 ことを見せる。

② 「ロウを塗った正方形の銅板の端を加熱す
　 ると、ロウはどのように溶けるだろう」と問
　 い、銅板は加熱したところから順にあたため
　 られることを確かめる。

③ コの字型の銅板を見せて、「この端を加熱す
　 ると火から遠いAと距離的には近いBと、ど
　 ちらが先にロウが溶けるだろう」と課題①を
　 出す。

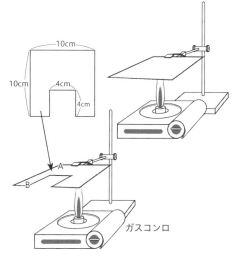

　 「課題の意味わかったかな？」と問い、課題にたいする質問があったら答えてから
板書する。

課題① コの字型の銅板の端を加熱すると、火から遠いAと距離的には近いBと、どちらが先にロウが溶けるだろう。

④ 課題を書いて「はじめの考え」を書かせる。

⑤ 「Aが先、Bが先、見当がつかない」それぞれの人数を挙手で確かめ、人数分布を
　 板書する。

⑥ はじめに、見当がつかないという子どもの理由を聞く。次に人数の少ない考えか
　 ら理由を聞く。

⑦ それぞれの理由が出たら、教師による演示実験でAのロウが先に溶けることを見
　 せる。

⑧ 実験後、「実験したこと、確かになったこと」を自分の言葉でノートに書かせる。

ノートに書かせたいこと

　 正方形の銅板を火にかけ（加熱し）たら、加熱したところからロウがとけていった。
コの字型の銅板も、加熱したところから遠いのにAの場所が先にロウがとけた。銅板
は加熱したところから順々に熱くなることが確かになった。

第 2 時　固体の金属のあたたまり方　②

ねらい　**金属はあたたまりやすい（熱くなりやすい）**

準　備

・500mL ビーカー（グループ数＋教師用）　・湯（500mL×グループ数＋α）
・金属（銅、アルミニウム）棒　・ガラス棒　・サーモテープ
・プラスチック棒（長さ 15 ～ 20cm、グループ数＋教師用）

展　開

① はじめに、サーモテープを貼った
ビーカーに湯を入れると、サーモテ
ープの色が変わる様子を見せ、「サ
ーモテープは温度が高くなると色
が変わる性質がある」と説明する。

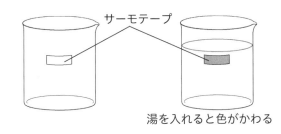

サーモテープ

湯を入れると色がかわる

② 下から15cmのところにサーモテ
ープを貼った金属棒（2種類）、ガラス棒、プラスチック棒を見せて課題②を出す。
「課題の意味、わかったかな？」と問い、課題にたいする質問があったら答えてから
板書する。

課題②　**ビーカーに湯を入れて、銅の棒、アルミニウム棒、ガラス棒、プラスチッ
ク棒を入れると、一番早くサーモテープの色が変わるのはどれだろう。**

③ 課題を書いて「はじめの考え」を書かせる。

④ それぞれの人数を挙手で確かめ、人数分布を板
書する。

⑤ はじめに、見当がつかないという子がいたらそ
の理由を聞く。つぎに人数の少ない考えから理由
を聞く。

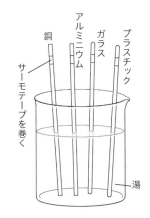

銅　アルミニウム　ガラス　プラスチック
サーモテープを巻く
湯

⑥ それぞれの理由が出たら、グループ実験を行
う。4本の棒を配りビーカーを用意させ、教師が
湯を配ってから、一斉に4本の棒を入れさせる。

⑦ 「実験したこと、確かになったこと」を自分の言葉でノートに書かせる。

ノートに書かせたいこと

　銅の棒とアルミの棒、ガラス棒、プラスチック棒にサーモテープをはって、湯の入
っているビーカーに入れた。しばらくたつと銅の棒のサーモテープの色が変わってき
て、次はアルミ棒のテープの色が変わってきた。ガラスやプラスチックより金属の方
が早く熱くなることがわかった。

第3時　水のあたたまり方　①

ねらい　水は温度が高くなると、その水が上に移動する。

準　備
・500mL ビーカー（グループ数＋教師用）　・よくしめらせたおがくず（少量）
・実験用ガスコンロ（グループ数）
・おがくず回収用のゴミ取りネット

展　開

① 　ビーカーに水を入れ、そこに十分しめらせたお
がくずを入れた実験道具を見せて課題③を出す。

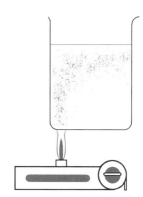

課題③　ビーカーの端を加熱すると、中の水
やおがくずがどうなるか観察しよう。

② 　ビーカーに水を入れさせ、おがくずを配って実
験し、おがくずが上に上がるようすを観察させる。
おがくず以外でも、みそ、おろし大根などでも良
い。

③ 　「観察したこと、確かになったこと」を自分の言葉でノートに書かせる。

ノートに書かせたいこと

　水におがくずを入れてガスコンロで加熱したら、おがくずが上に上がっていった。加
熱された水が上に動いたからおがくずが動いた。

④ 　実験で使ったビーカーの水をゴミ取りネットに流させ、おがくずを回収した後、水
洗いさせる。

第4時　水のあたたまり方　②

ねらい　水は温度が高くなると、その水が上に移動して全体が
あたたまる。

準　備
・棒温度計（〜 100℃　グループ数× 2 ＋教師用2本）
・1000mL ビーカー（または 500mL　グループ数＋教師用）
・実験用ガスコンロ（グループ数）

展　開

① 　ビーカーに水を入れ、2本の棒温度計を図のように固定した実験装置を見せて課

題④を出す。

　課題の意味わかったかな？」と問い、課題にたいする質問があったら答えてから板書する。

課題④　Aの温度計の下の方に火が行くように加熱すると、火から遠いAと火のそばのBとでは、どちらの温度が先に上がるだろう。

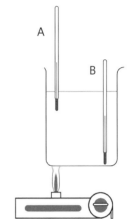

②　課題を書いて「はじめの考え」を書かせる。

③　それぞれの人数を挙手で確かめ、人数分布を板書する。

④　はじめに、見当がつかないという子がいたらその理由を聞く。つぎに人数の少ない考えから理由を聞く。

⑤　それぞれの理由が出たら、グループ実験を行う。

⑥　「実験したこと、確かになったこと」を自分の言葉でノートに書かせる。

ノートに書かせたいこと

　火から遠いAと火のそばのBでは、Aの方が先に温度が上がった。水はあたためられると上に上がるから、火から遠くてもAの方が先にあたたかくなった。

第5時 空気のあたたまり方

ねらい　　空気は温度が高くなると上に移動して全体があたたまる。

準　備

・ポリ袋（教師用）　・温度計（～ 50℃）

展　開

①　暖房器具が使われていたら、それを止めてから課題⑤を出す。

　「課題の意味わかったかな？」と問い、課題にたいする質問があったら答えてから板書する。

課題⑤　教室（理科室）の天井付近と床の近くでは、どちらの温度が高いだろう。

②　数人の意見を聞いて、実験する。天井近くの温度が高いことがわかる。

③　あたためられた空気が上に移動することを確かめよう。

④ 電熱器か実験用ガスコンロの上に、開いたポリ袋を
持って行くとポリ袋が上昇することで、空気の移動を
確かめる。

ポリ袋

第6時　温度が違う物がガラス越しに接している時の温度変化

ねらい　温度が高い物と温度が低い物が接していると、温度が高い物の温度は下がり、温度が低い物の温度は上がり、やがて同じ温度になる。

準 備

・100mL ビーカー　・500mL ビーカー　・棒温度計（2本）　・わりばし2本
（児童実験用、グループ数＋教師用）

展 開

① 「大きいビーカーに70℃ぐらいの水を入れて小さいビーカーに20℃ぐらいの水道水を入れて、大きいビーカーの方に入れます。しばらく観察すると、それぞれの水の温度はどうなるだろう」と、具体的な操作を見せながら課題⑥を出す。

「温度が高くても水という物なので、70℃の水、20℃の水というように温度を言います。」

ほかに質問があるかを問い、なければ課題を書いて、自分の考えを書かせる。

課題⑥　図のように70℃ぐらいの水の中に20℃ぐらいの水道水の入ったビーカーを入れておくと、それぞれの水の温度はどうなるだろう。

② 「はじめの考え」をノートに書いてから話し合う。

③ どの考えの子が何人いるか、挙手させて調べ、人数を板書する。

　ここでは、「70℃の水の温度は下がるけど20℃の水の温度はは変わらない」「70℃の水の温度は下がって20℃の水の温度は上がる」などの考えが出される。

④ それぞれの考えが出されたら、「友だちの意見を聞いて」をノートに書く。

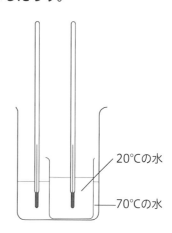

20℃の水

70℃の水

⑤ ノートに書いたあと、もう一度、討論後の考えを挙手させて調べ、板書する。

⑥ 「はじめの考え」から考えが変わった子がいたら、その子を中心に発表させる。

⑦ 実験では課題のように20℃や70℃とはいかないので、はじめに高温の水（約

100mL）を 500mL ビーカーに入れ、水道水（約 100mL）を 100mL ビーカーに入れてそれぞれの温度を記録させる。温度は多少変わるが、全体で一斉に 100mL ビーカーを 500mL ビーカーに入れる。1 分経ったらわりばしで両方の水を少しかき混ぜてから温度を調べて記録する。同じようにして 2 分後、3 分後…と観察する。水の温度や室温によって両方が同じ温度になるまでの時間には違いがある。ここでは、同じ温度にならなくても、やがて同じ温度になるということがわかるところまで調べる。

⑧　実験に使ったビーカーはそのままにして翌日観察すると同じ温度になっている。

⑨　「実験したこと・確かになったこと」をノートに自分の言葉でノートに書く。

ノートに書かせたいこと

　右の絵（省略）のようにしてそれぞれの温度がどう変わるか調べました。はじめの温度は 18℃ と 72℃ でした。1 分たったら 27℃ と 64℃、2 分たったら 33℃ と 57℃、3 分で 37℃ と 52℃、4 分で 40℃ と 47℃、5 分で 42℃ と 44℃ になりました。そして、最後には 18℃ の方は 42℃ になって、72℃ の方も 42℃ になりました。最後には同じ温度になるとは思いませんでした。

第7時 空気の温度変化　①

ねらい　**フラスコの空気もあたためられると温度が上がる。**

準　備

・温度計に綿をつけて球部がフラスコの中に入るようにした実験道具（2 セット＋グループ数）　・沸騰している湯（ガスコンロで教卓上で沸騰させる）

展　開

①　図のように、温度計に綿をつけて球部がフラスコの中に入るようにした実験道具を見せて、課題⑦を出す。

　「課題の意味わかったかな？」と問い、課題にたいする質問があったら答えてから板書する。

　空気の温度は室温と同じであることも示す。

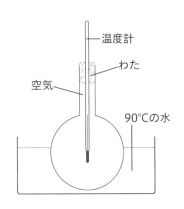

温度計
わた
空気
90℃の水

課題⑦　**このフラスコを 90℃ の水の中に入れておくと、中の空気の温度は高くなるだろうか。**

②　数人の意見を聞いてから教師実験をする。

③　ここでは、実験をとおして中の空気の温度が上がることがわかればよい。5 分ほどでフラスコの中の空気も 40 ～ 50℃ ぐらいにはなるだろう。そして、そのままにしておくと、時間はかかるが、やがて同じ温度になる。

つけたしの実験 STEP UP

「今と同じ実験道具を手であたためます。中の空気の温度は変わるだろうか」と問い、これはすぐに調べる。そして、フラスコを手であたためてもフラスコ内の空気の温度が高くなることを確かめておく。

④ 「実験したこと・確かになったこと」を自分の言葉でノートに書く。

ノートに書かせたいこと

　フラスコに温度計を入れて90℃の水につけたら、だんだんと空気の温度が上がっていって、50℃ぐらいになった。先生が、このままずっと入れておくと、この前の水と同じように、最終的には同じ温度になると言っていた。

　次に、フラスコを手であたためたら、手であたためるだけでも中の空気の温度が4℃上がった。手のあたたかさでもちょっとだけ空気の温度が上がった。

第8時　空気の温度変化　②

ねらい　物の温度には0℃以下の温度があり、試験管を0℃以下の中に入れると、試験管の中の空気も温度が下がる。

準　備

・食塩　・氷　・太い試験管　・500mL ビーカー

・-20℃ぐらいまではかれる棒温度計　（すべてグループ数）

・氷は500mL ビーカー 10個分、食塩は1kg 程度用意する。

展　開

① はじめに、氷と食塩の重さが約3対1になるようにそれぞれを用意する。500mLビーカーに氷を入れ、その中に水と食塩を混ぜてドロドロになったものを入れる。そこに棒温度計を入れるとどんどん温度が下がっていくことを見せる。めもりが0℃になったら、0℃というのは温度がなくなったわけではなく、0℃という温度になっていることを説明する。次に、0℃よりも下がったときは-（マイナス）をつけて-10℃のように読むことを教える。また、氷と食塩で作った寒剤なので「氷食塩寒剤」ということにすると伝える。そのあとで「-10℃の氷食塩寒剤に試験管を入れると、試験管の中の空気の温度はどうなるだろう」と課題⑧を出す。

　「課題の意味わかったかな？」と問い、課題にたいする質問があったら答えてから板書する。

課題❽　氷食塩寒剤の中に試験管を入れると、中の空気の温度はどうなるだろう。

②　ここでは、ノートに「はじめの考え」を書かせた後、数人の意見を聞く。

③　試験管には -20℃ぐらいまではかれる棒温
　　度計を入れておく。棒温度計には画用紙など
　　を貼り付け、直接試験管に触れないようにし
　　ておく。こうすることによって試験管内の空
　　気の温度を調べられることも話しておく。

④　-10℃という温度を体感させたい。寒剤の
　　中に指を入れて（5秒以内）おくとその冷た
　　さがわかる。数字だけでなく、冷たさをとら
　　えさせたい。

⑤　「実験したこと・確かになったこと」をノー
　　トに書く。

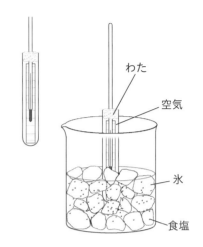

わた
空気
氷
食塩

ノートに書かせたいこと

　ビーカーに氷と食塩を入れると、-10℃になった。そこに温度計を入れた試験管を入れると、試験管の中の温度計のめもりが下がっていって、最後には -10℃まで下がった。-（マイナス）の温度は0℃よりも低い温度だということがわかった。先生が、0℃というのは温度がないことじゃなくて、0℃という温度なんだよといっていた。

寒剤について

　小学校の教科書には、氷と食塩を使った寒剤が紹介されている。氷の重さの35％ぐらいの食塩を入れると、- 15℃ぐらいの低温を作ることができる。

寒剤のつくり方動画

　今回はグループ実験にしたために氷食塩寒剤を使ったが、もっと低温にしたいときには、アルコール（エタノール）に小さく砕いたドライアイスを少しずつ何個も入れていくと、- 60℃ぐらいの非常に低い温度を作ることができる。

　氷食塩寒剤の温度よりも低温を作りたいときや、はやく低温にしたいときには、アルコールドライアイスの寒剤が効果的である。
ドライアイスは、インターネットで「ドライアイス　地域名（墨田区など）」で検索すると小売りしている製氷業者がわかる。また、給食の食材を取引している商店から入手するか、ケーキ屋などでも購入できるところがある。入手方法を探しておくと便利である。

資料 伝導、対流、放射（輻射）

熱伝導

物質の移動なしに熱が物体の高温部から低温部にうつる現象。

輻射（放射）

放射ともいう。物体から放出される電磁波を総称して輻射という。熱線（赤外線）可視光線、紫外線、X線、γ線などは波長のそれぞれの範囲に属する電磁輻射線である。

対流

液体内部のある区域が絶えずあたためられ、その温度が周囲よりも高くなると、その部分の流体は膨張により密度が小さくなって上昇し、周囲の低温度の流体がこれに変わってその区域に流入し、同様の過程を繰り返す。あたためられる区域が流体の下部にあるときは、この過程により容易に流体上部の温度を高めることができる。

『岩波 理化学辞典』より

単元について

「物のあたたまり方」の基本は、伝導によるあたたまり方

物があたたまるのは、熱が伝わるからで、水も空気も熱伝導で温度が高くなった部分が上昇することによって対流が始まり、全体があたためられるのである。加熱されなくても高温の物と低温の物がガラスなどを隔ててとなりあっていると、高温の物の温度が下がり低温の物の温度が上がり、やがて同じ温度になる。これも熱伝導によって起こる現象である。この現象は、この後の物の温度と体積を考えるときにも役に立つのでぜひ扱っておきたい。

教科書では物の温度と体積や水の3つのすがたの後にこの単元を位置づけているところもあるが、温度と体積も水の3つのすがたも、加熱（冷却）して温度が変化したときの物の様子を学習しているので、先に物のあたたまり方の学習に取り組むようにしたい。

9．物の温度と体積

【目標】

物は温度が上がると体積が大きくなり（膨張し）、温度が下がると体積が小さくなる（収縮する）。

【指導計画】　8時間

（1）気体の温度が上がると体積が大きくなり、
温度が下がると体積が小さくなる。……………………………　3時間

（2）液体の温度が上がると体積が大きくなり、温度が下がると
体積が小さくなるが、気体の変化の仕方より小さい。………　4時間

（3）固体の金属も温度が上がると体積が大きくなり、
温度が下がると体積が小さくなる。……………………………　1時間

【事前準備】

(1) この単元と「物のあたたまり方」「物の温度と三態（温度と水のすがた）」では、高温の水（湯）を使ったり、加熱器具を使ったりする実験が出てくる。加熱したあとのガラス器具や加熱器具などは、見た目には温度が下がったように見えてもかなり熱いことがある。実験中や後片付けのときには十分に注意することを徹底させたい。

(2) ガラス器具のひび割れなどは思わぬ事故のもとになるので、見つけしだい廃棄処分し、安全な実験器具を使用するように点検する必要がある。

(3) 温度を調べるのに棒温度計を使う。棒温度計は±1℃程度の誤差がある。そこで、バケツに水を張ってその水に温度計を入れて10分ほど放置し、同じ温度を示す温度計を選んでおくとよい。

【学習の展開】

1．気体（空気）の温度と体積

第1時　気体（空気）の温度と体積①

ねらい　**気体は温度が下がると体積が小さくなる**

温度を上げることから始めると、空気の膨張ととらえないで、あたたまった空気が上に行くからと考えてしまう。そこでそういった誤解をつくらないために、気体の

温度を下げることから学習する。

準　備

・50mL 浣腸器（または注射器）　・ゴム管　・ピンチコック　・500mL ビーカー
・ドライアイス　・エタノール約 250mL　・金槌　・軍手
棒温度計（-50℃まで測れるもの）

浣腸器は十分乾燥したものを使う。
水分がついていると凍りついてし
まうので前もってアルコールでふ
いておくといい。シリンダーとピ
ストンは、すき間なく動くように
すり合わせてあるので、必ず同じ
番号の物（写真は注射器）を使う。

同じ610

展　開

①　まず、子どもたちを教卓の周りに集めて、アルコールとドライアイスで寒剤（こ
れをアルコールドライアイス寒剤と言うことにする）を作る。

　ドライアイスを、軍手をはめた手の上で、金槌で軽くたたいて細かく砕き、アル
コールを入れたビーカーに少しずつ入れていく。ドライアイスを一度にたくさん入
れるとアルコールが吹きこぼれてしまうので注意。しばらくするとドライアイスか
ら出る泡（二酸化炭素の気体）が小さくなる。

②　このようにして作ったドライアイスアルコール寒剤の中に、棒温度計を入れて–50℃
以下になっていることを見せる。

③　「今日はこの寒剤を使って、注射器の中の空気の温度を下げます。注射器（ここで
は子どもたちには注射器と言っておく）は中のピストンが自由に動くようになって
いて、この出口を閉じると、中の空気は出たり入ったりできません。この注射器に
空気を 40mL 入れてピンチコックで出入り口をふさぎ、寒剤の中に入れます。中の
空気の温度はどうなりますか。（C：下がる）中の空気の温度が下がった時、注射器
のピストンは上がるか、下がるか、動かないか。これが今日の課題です。」と言って
課題①を出す。

　課題の意味がわかったかを問い、課題にたいする質問があったら答えてから板書
する。

課題① （⇨ p.120）**のようにして気体の空気 40mL を入れた注射器をアルコー**
ルドライア イス寒剤の中に入れて空気の温度を下げると、ピストンは上が
るか、下がるか、それとも動かないだろうか。

④　「はじめの考え」をノートに書いてから話し合う。

まず、どの考えの子が何人いるか、手を挙げさせて調べ、人数を板書する。

図①

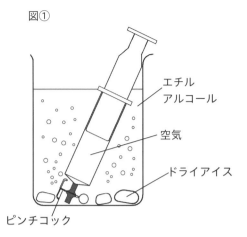

エチル
アルコール

空気

ドライアイス

ピンチコック

ピストンは上がる……（　　　）人

ピストンは下がる……（　　　）人

ピストンは動かない…（　　　）人

見当がつかない………（　　　）人

⑤　ここでは、いろいろな経験から考えが出されるだろう。それぞれの考えを発表させ、友だちの意見を聞いて、再度自分の考えをはっきりさせる。

教師実験❶

　浣腸器をアルコールドライアイス寒剤の入ったビーカーに入れる。すると中の空気の体積は小さくなり、ピストンが引き込まれるように下がっていく。

　「今、ピストンは下がりましたね。注射器の中の空気の体積はどうなったの？」と聞いて、「中の空気の体積は小さくなった」と答えさせたい。さらに、「中の空気が注射器から出ていったの？」と聞いて、「出ていっていない」と答えさせ、空気が出ていっていないのに空気の温度が下がると空気の体積が小さくなったことをとらえさせたい。

⑥　ピストンが引き込まれたことを全員で確認した後、浣腸器を取り出して冷やした部分を軍手でふき取ると、中の空気の温度が室温に戻ってくるので、ピストンが押し戻され、40mL 近くなる。そこで、再度寒剤の中に入れると中の空気の体積が小さくなりピストンが引き込まれる。この変化を何度か見せたい。

⑦　「実験したこと・確かになったこと」を書く。

ノートに書かせたいこと

　アルコールにドライアイスのかけらを少しずつ入れていくと、-50℃まで温度が下がった。このアルコールドライアイス寒ざいの中に 40mL の空気が入った注射器を入れると、ピストンは下がった。中の空気が冷えて体積が小さくなったからだ。冷えた注射器を寒ざいから出してしばらくすると、ピストンが上がってきた。空気の温度が上がったので体積も元にもどったのだと思う。空気は温度を下げると体積が小さくなることがわかった。

第2時　気体（空気）の温度と体積②

ねらい　気体の空気の温度が上がると、体積が大きくなる。

準　備

・ゴム管付き浣腸器　・ピンチコック　・500mL ビーカー各1個　（グループ数）

・熱湯（電気ケトルがいい。またはやかんでわかした熱湯をポットに取っておく。教
師がビーカーに注ぎにいく）

展　開

① 前回と同じように、浣腸器に空気を 40mL 入れて、ピンチコックでゴム管を閉じ
たものを見せる。やかんの水の温度をはかりながら課題を出す。

「ここに、気体の空気が 40mL 入っている注射器があります。部屋の温度が 20℃
くらいなので、中の空気も 20℃くらいです。この注射器を 90℃の水の中に入れる
と、中の空気の温度は？」と聞いて、中の空気の温度が高くなること答えさせたい。

「では、中の空気の温度が高くなると、ピストンはどうなるだろう。」と課題②を
出す。

課題の意味がわかったかを問い、課題にたいする質問があったら答えてから板書
する。

課題②　図②のようにして、注射器の中に入っている気体の空気（40mL）の温度を
上げると、ピストンはどうなるだろう。

② 「はじめの考え」をノートに書いてから話し合う。

まず、どの考えの子が何人いるか手を挙げさせて調べ、人数を板書する。

　　　ピストンは上がる……（　　　　）人

　　　ピストンは下がる……（　　　　）人

　　　ピストンは動かない…（　　　　）人

　　　見当がつかない………（　　　　）人

③ 見当がつかないという子どもがいたら
その意見から。次は、少数意見から考えを
言わせ、「友だちの意見を聞いて」をノート
に書く。

④ ノートに書いたあと、再度、討論後の考
えを挙手させて調べ、板書する。

図②

90℃の水

空気

ピンチコック

⑤ 「はじめの考え」から考えが変わった子がいたら、その子を中心に発表させる。

　　・前回、空気の温度を下げたら、中の空気の体積が小さくなったけれど、その後、
　　寒剤から出したらピストンが上がった。今日はもっと温度を高くするから、空
　　気の体積がもっと大きくなってピストンが上がると思う。

⑥ 児童によるグループ実験。グループごとに 90℃の水に入れる前の浣腸器の目盛を
記録させておく。ビーカーに熱湯を入れ、そこに浣腸器を入れさせる。すると、ピ

ストンはぐっぐっと押し出されてくる。50mL近くまで押し出されるようだったら、ビーカーから引き上げさせる。すると、今度はピストンが引き込まれていく。時間があれば繰り返しやらせたい。空気の温度が上がれば体積も大きくなってピストンが押し出され、室温に戻れば初めの体積に戻っていくことが分かる。

⑦ 「実験したこと・確かになったこと」をノートに書く。

ノートに書かせたいこと

今日は、注射器の中の空気の温度が高くなるとピストンは上がるかという課題だった。

前の課題で空気の温度を低くすると体積は小さくなるとわかったので、今日はその反対で、空気の体積が大きくなると思いました。実験の結果、空気は温度が上がると体積が大きくなって、ピストンが上に上がった。

第3時　空気のわずかな温度変化と体積変化

ねらい　気体は温度が高くなると体積が大きくなる。

準 備
・ガラス管をつけた丸底フラスコ　・500mLビーカー
・ぬれ雑巾（グループ数＋教師用）
・棒温度計をつけた丸底フラスコ（教師用）
　ガラス管や温度計はゴム栓の代わりにシリコンライト栓があると簡単につけられる。

展 開
① ガラス管のところに棒温度計を取り付けたもので、手であたためると中の空気が1〜2℃上がることを見せてから課題③を出す。

　課題の意味がわかったかを問い、課題にたいする質問があったら答えてから板書する。

課題③　図③のようにして、フラスコを手であたためたら、フラスコのガラス管から空気が出てくるだろうか。

② 「はじめの考え」をノートに書いてから話し合う。まず、どの考えの子が何人いるか手を挙げさせて調べ、人数を板書する。

　　空気が出てくる……（　）人
　　空気は出てこない…（　）人
　　見当がつかない……（　）人

③ フラスコの中の空気の温度が上がることはわかっても、それによって空気の体積が大きくなるの

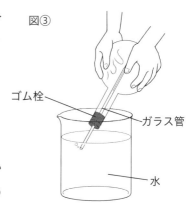

図③

ゴム栓

ガラス管

水

かどうかについては、意見が分かれる。ほんのわずかな温度変化によって体積変化するかどうかの討論になるが、この討論によって、空気はわずかな温度変化でも体積が変化することが印象深くとらえられるだろう。

④　それぞれの考えが出たら、「友だちの意見を聞いて」を書かせ、数人発表させる。

⑤　グループごとに実験する。

水を入れたビーカーにガラス管の先を少し入れ、フラスコを両手で包むようにしてあたためる。すると、ガラス管の先から泡（空気）が出てくる。１人目がやって泡が出たら、２人目、３人目と続けさせる。するとだんだん泡が出にくくなる。

⑥　そこで、「ガラス管の先を水中に入れながら、フラスコを濡れ雑巾で冷やすとどうなるだろう」と聞いて、「フラスコの中の空気の体積が小さくなるから、水が入ってくる。」子どもたちから答えが出るだろう。実際にやってみると、水がフラスコの中に入ってくる。

⑦　「実験したこと・確かになったこと」をノートに書く。

ノートに書かせたいこと

フラスコを手であたためただけで、中の空気は体積が大きくなり、あわになって水の中に出てきた。次に、ぬれぞうきんで冷やしたらガラス管の中に水が入ってきた。中の空気が冷やされて体積が小さくなったからだ。気体の空気の体積は、わずかな温度の差でも変化することが確かになった。

第４時　液体の水の膨張

ねらい　液体の水も温度が上がると体積が大きくなる。

準　備

グループ数：・50mL 浣腸器または注射器　・ゴム管　・ピンチコック
　　　　　　・500mL ビーカー　・熱湯

教師用：・ガラス管を付けたフラスコ（一度沸騰させて溶けている空気を追い出し冷ました水を入れておく）

この実験では、注射器やフラスコに入れる水は、あらかじめ沸騰させて中に溶けている空気を抜いて、よく冷ましてある水を使う。そうしないと、注射器をあたためた時に水の中に溶けていた空気が泡となって出てくるため、子どもたちが混乱するからである。この課題は、空気と同じように浣腸器を使って課題を出すが、水の体積変化は空気に比べてごくわずかなためわかりづらい。そこで、課題３のガラス管付きフラスコを使って、水の膨張を調べることになる。

展　開

①　「この注射器の中に水が 40mL 入っています。この注射器を 90℃の水の中に入れ

たら、ピストンは上がるだろうか、下がるだろうか、それとも動かないだろうか」
と聞いて課題④を出す。

　課題の意味がわかったかを問い、課題にたいする質問があったら答えてから板書
する。

課題④　図④のようにして、注射器の中に入っている液体の水（40mL）の温度を
　　　　上げると、ピストンはどうなるだろう。

② 　「はじめの考え」をノートに書いてから話し合
　う。まず、どの考えの子が何人いるか手を挙げ
　させて調べ人数を板書する。

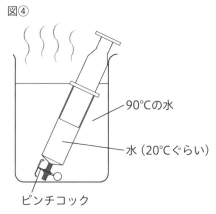

図④

90℃の水

水（20℃ぐらい）

ピンチコック

　　　ピストンは上がる……（　　　　）人
　　　ピストンは下がる……（　　　　）人
　　　ピストンは動かない…（　　　　）人
　　　見当がつかない………（　　　　）人

③ 　最初に見当がつかないという子の考えを発表
　させ、次に少数意見から発表させ、討論する。

④ 　それぞれの考えが出たら、「友だちの意見を聞いて」を書かせ、数人発表させる。

⑤ 　グループごとに実験する。実験の結果は、あまりはっきりしない。

⑥ 　実験結果を子どもたちに聞いて、「ほんの少しの変化を見るにはどうしたらいいか
　な？」と問いかけて、前の時間の実験を思い出し、「水の入ったフラスコにガラス管
　を取り付け、90℃の水の中に入れてみればよい」と言わせたい。実験方法が出てこ
　なければ教師が提示する。（図⑤）

教師実験❷

Ｔ：水の温度が上がったら、水の体積はどう
　　なりましたか
Ｃ：体積が大きくなった。
Ｔ：膨張した。「このように、物の出入りがな
　　く、物の温度が高くなって体積が大きくな
　　ることを膨張と言います。」　と説明する。

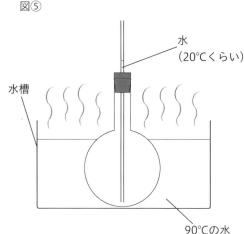

図⑤

水
（20℃くらい）

水槽

90℃の水

板　書
ぼうちょう：
物の温度が高くなって
体積が大きくなること

Ｔ：ところで、水と空気ではどちらの方が膨張しましたか　　　Ｃ：空気
Ｔ：水の方は少ししか体積が大きくならなかったね　　と確認する。

⑦ 「実験したこと・確かになったこと」をノートに書く。

ノートに書かせたいこと

　注射器に水を入れて90℃の水の中に入れてもピストンは動いたようには見えなかった。でも、ガラス管付きフラスコの中に水を入れ、それを90℃の水の中に入れたら、はじめはガラス管の水面が下がりました。でもその後、水がガラス管の中をどんどん上がっていって、ガラス管の先からあふれました。水も温度を上げると体積が大きくなることが確かになりました。空気も水も温度を高くするとぼう張することが分かりました。

※　はじめに水面が下がるのは、フラスコがあたためられて膨張するから。子どもたちから質問が出たら後で答えるといい。

第5時　液体の水の収縮

ねらい　**液体の水は、温度が低くなると体積が小さくなる。**

　空気の膨張と収縮、水の膨張を確認してきた子どもたちは、水も温度が下がれば収縮すると考えられるようになっている。ただ、ここでは、これまで学習してきたことを使って考え、学習してきた成果を確認する意味と、水の収縮を教える意味がある。

準　備
・ガラス管付きフラスコ　・水槽　・棒温度計　・氷

展　開
① 「この前使ったガラス管付きフラスコに水がいっぱいに入っています。今の水面はここです」と言って印のビニルテープを貼る。

　「このフラスコを氷水に入れると、ガラス管の中の水面は上がるか、下がるか、動かないかというのが今日の課題です。何か質問はありますか」(質問なしを確認する)

　「今日は、課題を出したら、フラスコを氷水に入れて、皆さんからは見えないように紙袋をかぶせておきます」(室温と氷水の温度差は20℃弱で、温度差が小さく水の収縮に時間がかかるのでこうした。)

課題⑤　**水がいっぱいに入ったガラス管付きのフラスコを氷水の中に入れると、ガラス管の中の水面はどうなるだろう。**

② 「はじめの考え」をノートに書いてから話し合う。まず、どの考えの子が何人いるか手を挙げさせて調べ人数を板書する。

図⑥

　　　　水面は上がる……（　　）人
　　　　水面は下がる……（　　）人
　　　　水面は動かない…（　　）人
　　　　見当がつかない…（　　）人

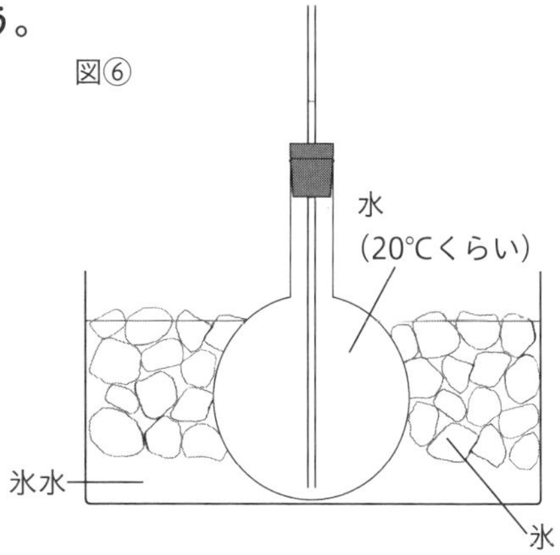

③　子どもたちの意見を聞いたら、教卓の周りに子どもたちを集めて、紙袋を外し、フラスコについているガラス管の中の水面に着目させる。

　「水も空気も温度が高くなると体積が大きくなりました。これを膨張と言いました。「水が膨張した」「空気が膨張した」といった使い方をします。同じように、水も空気も温度が低くなると体積が小さくなりました。このことを収縮と言います。収縮というのは物の温度が低くなって体積が小さくなることです。「水が収縮した」「空気が収縮した」という使い方をします。

板　書

> しゅうしゅく：物の温度が低くなって
> 体せきが小さくなること

④　「実験したこと・確かになったこと」を書く。

ノートに書かせたいこと

> 　今日は水の温度を下げると体せきが小さくなるかという課題でした。ほとんどみんな小さくなるという意見でした。実験してみると、水面は下がり水の体積が小さくなったことがわかりました。物の温度が下がって体せきが小さくなることをしゅうしゅくというそうです。

資料

水は 4 ℃以下になると膨張する？

　空気は温度が高くなると体積が大きくなります。はじめは 0 ℃だった空気の温度が 1 ℃ずつ高くなると空気の体積もそれに比例して大きくなります。ところが、水は少し様子が違います。

　空気の時と同じように、はじめは 0 ℃だった液体の水が、1 ℃ずつ温度が高くなると 4 ℃までは体積が小さくなってしまうのです。そして、4 ℃を超えると今度は体積が大きくなっていきます。つまり、同じ量（重さ）の水では、4 ℃の時が、一番体積が小さくなるのです。体積を同じにすると一番重い（密度が大きい）ということなのです。

　大きな池で考えてみると、池の底にはいつも 4 ℃に近い水があるということになります。冬の寒い時期には水面近くがこおっても、池の底は密度が大きい 4 ℃の水があるので、水中の生物にとっては好都合なのです。

第６時　液体のアルコールの膨張・収縮

ねらい　**水以外の液体の物でも、温度が下がると体積が小さくなる。**

準　備　ガラス管付き試験管、500mL ビーカー、棒温度計、氷、エタノール

展　開

①　試験管にエタノールを入れてガラス管を取り付ける。ガラス管内のエタノールの面に印のビニルテープを付けたものを見せて課題⑥を出す。

　　「液体のアルコールが入った試験管を、氷水の中に入れると、アルコールの面は上がるか、下がるか、それとも動かないかが今日の課題です。質問はありますか」と聞いて課題を出す。

課題⑥　**図⑦のようにして液体のアルコールを氷水の中に入れると、ガラス管の中のアルコールの面は上がるか、下がるか、それとも動かないだろうか。**

②　「はじめの考え」をノートに書いてから話し合う。まず、どの考えの子が何人いるか手を挙げさせて調べ人数を板書する。

図⑦

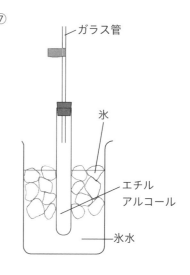

　　　　面は上がる……（　　　）人

　　　　面は下がる……（　　　）人

　　　　面は動かない…（　　　）人

　　　　見当がつかない（　　　）人

③　一通り意見が出たら教師実験して調べる。ここでは同じ液体だからという考えが出れば、ここでのねらいが達成される。水だけでなく他の物も温度が変われば体積も変わることをとらえさせたい。

④　この後、アルコールが入った試験管を 50 ～ 60℃の水に入れると、ガラス管内のアルコールの面がどんどん上がる。あふれださないうちに、氷水の入ったビーカーに入れると下がる。これを何度も繰り返して見せながら、「温度が高くなると上がっていって、低くなると下がっていく。何かに似ていませんか」と尋ねると、子どもたちからは「温度計」と返ってくるだろう。そこで、温度計はこれと同じ仕組みになっていることを説明する。

　　棒温度計の液だめがこの実験の試験管部分であり、示度を示す細い管がガラス管の部分にあたることを、棒温度計を見せながら解説するといい。実際に割れた棒温度計などがあれば、細い管は髪の毛がやっと通るくらいなので、液柱がわずかな温度変化で上下するようになっていること、そして周りのガラスが凸レンズの役割をしているので、液柱が太く見えることを話す。

⑤ 「実験したこと・確かになったこと」を書く。

> **ノートに書かせたいこと**
>
> 氷水の温度は0℃くらいだった。試験管に入っているアルコールの温度を上げたり下げたりすると、ガラス管の中のアルコールの面も上がったり下がったりした。アルコールもぼうちょうしたりしゅうしゅくしたりすることがわかりました。温度計の仕組みはこの実験と同じだそうです。

第7時　気体と液体の体積変化の比較

ねらい　**気体は液体に比べて温度による体積変化が大きい。**

準　備

教師用：ガラス管付きフラスコ（2個）　・丸型水槽、熱湯

展　開

① 実験装置を見せながら「このフラスコの中に入れたガラス管は、上から下まで通じていて取り付けると下の部分が水に浸るようになっています。このフラスコに90℃の水をかけたら、出口はこのガラス管しかないから、ここから水が出てきます。空気がいっぱい入っているAと、空気が少ないBとでは、どちらの方が勢いよく水が出るでしょう。質問はありますか。」質問がないことを確認する。

課題⑦　**図⑧のようなガラス管の付いたフラスコに90℃の水をかけると、空気の多い方と少ない方とでは、どちらの方が勢いよく水が出るだろう。**

② 「はじめの考え」をノートに書いてから話し合う。まず、どの考えの子が何人いるか手を挙げさせて調べ人数を板書する。

　　空気が多い方が勢いよく出る…（　　）人
　　空気が少ない方が勢いよく出る（　　）人
　　見当がつかない……………………（　　）人

③ ここでは、気体と液体の体積変化の違いをとらえるのがねらいなので、はじめに空気の多い方（A）に90℃の水をかける。その時噴き出した水を触らせると熱くないことが分かり、水が膨張したのではなく、空気が膨張して水を押し出したと考えられる。

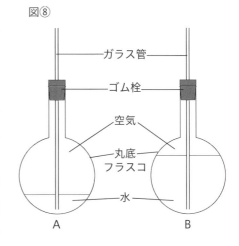

図⑧

④ 次に、空気の少ない方（B）に90℃の水をかける。かける前に「空気の少ない方が、水が勢いよく出ると思う人？」と聞く。Aの実験で、空気の膨張で水を押し出

したことに気づけば意見を変えることができるからだ。Bに90℃の水をかけて確かめる。

⑤ 「実験したこと・確かになったこと」をノートに書く。

ノートに書かせたいこと

空気が多い方が勢いよく水が出た。ふん水みたいだった。出てきた水をさわったら冷たかった。空気がぼうちょうしたから、下の水をおし出したと思う。Bは水が多くて、空気がぼうちょうしても少しは水をおし出すけれど、水はなかなかあたたまらないし、ほんの少ししかぼうちょうしないから、あまり勢いよく水は出なかったと思う。

つけたしの実験

子どもたちを教卓の周りに集める。350mLの加温用のペットボトル（オレンジ色のふた）の下の方に画びょうなどで小さな穴をあけたものを見せて、問いかける。

T：このペットボトルには下の方に小さな穴が開いています。これを高温の水の中に入れるとどうなるだろう。

C：中の空気がぼうちょうするから空気が出ると思う。

T：そうだね。ではやってみるよ。（穴から盛んに泡が出る）……………………①
次に、すぐにそれを水の中に入れて中の空気の温度を下げるとどうなる？

C：今度は空気がしゅうしゅくするから、中に水が入っていくと思う。

T：その通り。やってみるよ。（穴から水が入っていく様子が見える）………②

T：さて、このペットボトルに90℃の水をかけたらどうなるだろう？

C：さっきの噴水実験と同じように、その穴から水が噴き出すと思う。

T：では、やってみるよ。（穴から水が勢いよく吹き出す）……………………③

①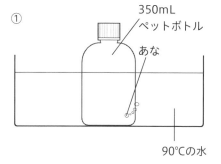

350mL
ペットボトル
あな
90℃の水

②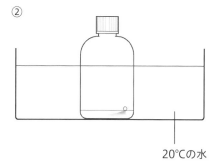

20℃の水

③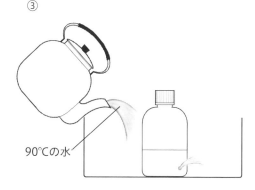

90℃の水

中国の茶器 "小便小僧"

　この実験は、中国の茶器に"小便小僧（右の写真）"という焼き物があり、その楽しみを目に見えるようにしたものである。この焼き物は、中が中空で下の方に小さな穴が1つ空いていて、そこから水や空気が出入りできるようになっている。説明書によれば焼き物を水につけておいて、熱湯をかけるように書いてあった。何度でも繰り返しやるには、つけたし実験のようにまず熱湯に入れて中の空気を出し、次に冷水の中に入れると水が中に入る。それを取り出して熱湯をかけるとよい。そうすると、何度でも勢いよく水を噴き出させることができる。

※小便小僧の購入先：横浜中華街「老維新」045（681）6811
http://www.rouishin.com/　1体330円。

第8時　固体（金属）の熱膨張

ねらい　固体の金属も温度が変わると体積が変わる。

準備
教師用・金属球膨張実験器　・実験用ガスコンロ　・水槽と水と湯（約90℃）

展開

① 　この金属球は、中まで金属でできている金属の塊で、金属球が輪をギリギリ通り抜けることを見せる。そして、「この金属球を90℃の水に入れたら、輪を通れなくなるか」と問い、数人の意見を聞いてから実験する。

金属球

金属の輪

② 　90℃に入れたあとも輪を通ることを確かめると、子どもから「もっと温度を高くすれば通らなくなると思う」などの意見が出るので、「この金属球をガスコンロで加熱しても輪を通るだろうか」と課題⑧を出す。

③ 　質問があるか問い、あったら答えて、なければ課題を板書する。

課題⑧　金属球をガスコンロで加熱しても、輪を通るだろうか。

④ 　「はじめの考え」をノートに書いてから話し合う。

⑤ 　まず、どの考えの子が何人いるか手を挙げさせて調べ人数を板書する。

　　　通り抜ける……（　　　）人

　　　通り抜けない…（　　　）人

　　　見当がつかない（　　　）人

⑥　ここでは、固体が膨張するかどうか意見が分かれるところである。これまでの学習からすると、固体も温度が上がれば体積が大きくなるように思うが、硬い金属の塊が体積変化するとは考えにくいのである。気体や液体で温度によって体積変化したことを学習しても固体になると迷うのである。なかには、分子の振る舞いで考える子も出てくるだろうが、その説明でみんなが納得するとは限らないので、事実としてとらえられればと思う。

⑦　大小２つの輪がついた金属球膨張実験器ならば、１つの輪は室温では金属球が通らないようにできている。そこで、この輪に金属球が通るようにするにはどうしたらよいか聞く。子どもたちから「輪をガスコンロで加熱して大きくすればいい」と考えが出てほしいものである。実際に試してみると、輪が膨張して金属球が通り抜ける大きさになったことが分かる。

⑧　そのことを確かめた後、「実験したこと・確かになったこと」を書かせる。

ノートに書かせたいこと

金属球を 90℃の水に入れても輪をとおった。でもガスコンロで加熱したら輪をとおらなくなった。金属も温度が高くなると体積が大きくなることが確かになった。

⑨　固体の金属も温度が変化すれば、膨張したり収縮したりすることを説明し、次のつけたしの話（金属膨張の話）をする。

つけたしの話 STEP UP!

「金属膨張の話」

金属の膨張のしかたはわずかですが、大きなものではそれがいろいろ影響するので、それを考えたつくりになっています。鉄道のレールのつなぎ目には、すきまが作ってあります。そうしないと、夏の暑い日にはレールがのびて曲がってしまいます。新幹線で使っている継ぎ目なしのレールは、2051m の長さがあります。これも独特の方法でレールが曲がるのを防ぐ仕組みになっています。

自動車が通る橋にはたいてい橋の付け根や中央部分に写真のようなすき間が作られています（写真①）。これも橋が伸び縮みして、土台のコンクリ

ートがこわれないようにしているのです。その部分の下を見てみる（写真②）と、橋が伸び縮みできる構造になっています。写真の橋（次ページ写真③）は 342m と長い

ので、橋の両端と中央部にすき間があります。

③

　私たちの身の回りにもこうした工夫があります。ジャムのふたが開かないとき金属のふたの部分をお湯の中に入れると開けやすくなります。これはどうしてでしょう。そのほかにも探してみましょう。

資料　**注射器と浣腸器について**

　ガラス製のピストンとシリンダーで構成されている器具に注射器と浣腸器がある。注射器はその先端に注射針をつけるため細いガラス管の突起がある。この突起が中央ではなく端の方にあるのは、針を上に向けてピストンを押すと中の空気が容易に押し出されるので、中の液だけを注射できるからである。（図①）

　一方、浣腸器は、浣腸するための道具なので、シリンダーの先が太く丈夫にできている（図②）。

①注射器

②浣腸器

　「物の温度と体積」の学習の中で注射器を使うようになっているが、注射器より丈夫な浣腸器を使うようにしたい。子どもに提示するときには、注射器と言っても差し支えないだろう。また、学校で新たに購入するならガラス製の浣腸器にしたい。

単元について

温度も体積も数値化を

　物の温度と体積では、湯や氷水を使うことが多い。しかし、湯の温度も氷水の温度も調べていないことがある。はじめの温度が□℃で、○℃の湯に入れたら体積がどうなるか。△℃の氷水に入れたら体積がどうなるかを、実験によって調べるのが、この単元のもっとも大事な学習である。本来は○℃の湯に入れたら、中の空気が○℃になっていることも調べたいが、それが難しいので、せめて湯の温度だけでも調べておきたい。

　また、体積変化も数値化したい。そのためには注射器や浣腸器などのような目盛りがついている容器を使用することが望ましい。フラスコや試験管の数値でも良いが、「空気と水」の単元で注射器を使っているのだから、この単元で調べる体積変化も注射器（浣腸器）を使えば体積変化を数値化できるので、実験器具も工夫したい。

10. 水の３つのすがた 物の温度と三態

【目標】

（1）物は温度により、固体、液体、気体の３つのすがたに変わる。

（2）物には固有の融点、沸点があり、温度によってすがたが決まる。

【指導計画】 11 時間

（1）液体⇄気体の変化 ……………………… ５時間

　①液体のアルコールは 90℃では沸騰して気体になる。

　②液体の水は 90℃では気体にならない。

　③水の沸点は 100℃である。

　④気体のブタンは液体になる。

（2）液体⇄固体の変化 ……………………… ４時間

　⑤液体の酢酸は固体になる。

　⑥水の融点は０℃である。

　⑦固体のスズは液体になる。

　⑧固体の食塩は液体になる。

（3）液体⇄固体のときの体積変化 …………… １時間

　⑨液体のパラフィン（ろう）が固体になった時の体積変化

（4）物の温度と物のすがた ………………… １時間

【学習の展開】

1．液体⇄気体の変化

第1・2時　アルコールの変化（液体⇄気体）

ねらい　液体のアルコールは 90℃近い温度になると気体になる。

準　備

・ポリ袋　・バット　・軍手　・メスピペット　・90℃の水（電気ケトルを使うといい）

・メタノール（エタノールより沸点が低いので気体になりやすい）

展　開

①　教卓の上で、ピペットを使ってメタノールを３mL 入れて空気を追い出し、ポリ袋の口を閉じてみる。

Ｔ：空気を追い出したよ。中に入っているのは？

C：アルコール。

T：そう、アルコールだけです。アルコールは、気体、液体、固体のどれ？

C：液体。

T：液体ですね。この液体のアルコールに90℃の水をかけます。理科では、お湯と言わずに温度を言うことにします。90℃の水をかけると、中のアルコールの温度はどうなりますか。

C：温度が高くなる。90℃近くになる。

課題① アルコールの温度が高くなると、ポリ袋の大きさはどうなるでしょう

ポリ袋の中にアルコールを3mL入れて、空気を追い出して口を閉めました。このポリ袋に90℃の水をかけて、アルコールの温度を上げると、袋はふくらむだろうか。

② 課題1では、液体のアルコールが気体になるという変化をとらえさせる。子どもたちは、この単元の前に学習した『物の温度と体積』でとらえた熱膨張の概念を使い、アルコールが膨張して、ポリ袋が少し膨らむと予想するだろう。しかし、今回は膨張という概念ではとらえきれない新しい単元なので、これまでとは違う現象を強く印象付けたい。

ポリ袋の中に少ししか入っていない液体が気体になって、ぺちゃんこだったポリ袋がぱんぱんに膨らむ様子は、子どもたちにとって驚きである。しかも、透明のポリ袋の中には、はじめ入れたはずの液体が見当たらなくなり、まるで空気で膨らんだようになっているという変化は、「液体が気体になったのかな？」という考えを引き出す効果を期待できる。

③「はじめの考え」をノートに書いてから話し合う。まず、どの考えの子が何人いるか、手を挙げさせて調べ、人数を板書する。

ふくらむ…………（　　　）人

ふくらまない……（　　　）人

見当がつかない…（　　　）人

④ まず見当がつかない子がいたらその子から発表させ、次に人数の少ない方から発表させる。

⑤ それぞれの意見が出たら、「友だちの意見を聞いて」を書かせ、数人発表させる。

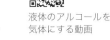

液体のアルコールを
気体にする動画

教師実験❶

子どもたちを教卓の近くに集めて（教卓から1mほど離れたくらい）、教師実験が見えるようにする。

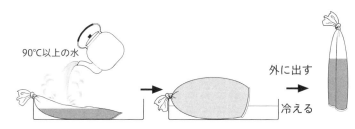

90℃以上の水　　　　　　　　　　　　　　　　　　　外に出す

冷える

134

　バットにアルコールが入ったポリ袋を置き、沸騰している 90℃以上の水をかけると、ポリ袋がぱんぱんに膨らむ。手袋をはめてそのポリ袋を持ち上げると、しぼんでまたぺっちゃんこになる。これを何度か繰り返し見せると、持ち上げた時にはアルコールの液体がポリ袋の中を流れ落ちていくのを発見する子がいる。アルコールの液体が気体になったこと、またアルコールの気体が液体になったことをすぐに理解することは難しいかもしれないので、以下のように少しやり取りしてとらえさせたい。

　T：ポリ袋の中に入れたのは何だっけ？

　C：アルコールの液体。

　T：空気は入っていましたか。

　C：入っていない。

　T：そうですね。ポリ袋の中には液体のアルコールしか入っていなかったのだから、考えられるのは？

　C：アルコールが気体になった。

　T：そう。気体になったとしか考えられないですね。

　T：ところで、90℃の水をかけたのだから、このポリ袋の中の温度は？

　C：90℃。

　T：アルコールは 90℃だと液体ではいられなくて気体になってしまいます。

　ここで近くの子に手袋をはめさせ、ポリ袋を両手ではさむようにさわらせる。手袋をさせるのは袋の中が高温になっているからである。袋はぱんぱんに膨らんでいて縮むことはなく、中に気体が詰まっていることがわかる。

　袋を持ち上げると、袋の内側にアルコールの液体が流れ、袋がしぼんでくる。これを何回か繰り返すと、90℃の水の温度が下がってしまうが、繰り返し見せることで少しでも納得できるようにしたい。

　袋の中にはアルコールしか入っていないし、液体のアルコールに戻るので「アルコールの気体」になったと全員が言ってほしいが、なかなかそうもいかない。そこで以下の実験をする。

【教師実験②】

【準　備】

・エタノール　・ビーカー　・沸騰石　・90℃の水（電気ケトルがあるといい）

・試験管ばさみ　・ライターまたはマッチ

　T：もう1つ実験します。さっきと同じくらい前の方に来てください。この試験管に入っているのは液体のア

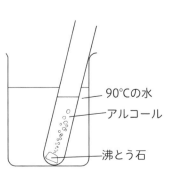

90℃の水
アルコール
沸とう石

ルコールです。

T：試験管には沸騰石という白
　い粒を入れます。この白い粒
　は安全に実験を行うために入
　れます。この試験管を90℃
　の水に入れると、液体のアル
　コールの中から泡ができますね。

90℃の水 ───
アルコール ───
沸とう石 ───

🔲動

アルコールの
沸騰・燃焼の
動画

T：この泡は何の気体ですか。　C：アルコールの気体。

T：アルコールの気体ということは、燃えますね。（燃えることを見せる）

T：試験管を持ち上げて、90℃の水から出したらどうなりますか。

C：アルコールを温めると気体になるけど、冷めると泡は出てこないから消えるはず。

と言いながら、やって見せる。試験管の下の方から泡が盛んに出てくるようになり、試験管を引き上げると泡が出なくなる。「このように、液体の中の方からその液体が気体になったものが泡になって出てくることを沸騰と言います」と教える。

「もう一つ。アルコールは90℃では液体じゃなくて、全部気体になりました。このように、液体のアルコールが液体でいられなくて気体になってしまうぎりぎりの温度というのがあるのですが、その温度のことを沸点と言います。アルコール（エタノール）の沸点は約78℃です」

板　書

> ふっ点：液体のアルコールが液体でいられなくて全部気体になってしまう
　　　　温度…アルコールのふっ点（約78℃）
ふっとう：液体の温度が高くなって、液体の中の方からその液体が気体に
　　　　　なったものがあわになって出てくること

⑥　ここで「実験したこと、確かになったこと」をノートに書かせる。**教師実験❶**と**教師実験❷**があるので、まとめて書かせてもよいが、**教師実験❶**で「袋がどうなったか」の事実だけ書かせ、**教師実験❷**を見せてから追加させてもよいだろう。

ノートに書かせたいこと

　まず、ポリぶくろにアルコールを3mL入れて、90℃の水をかけたら、大きくふくらんだ。このポリぶくろの中には気体が入っていた。そのポリぶくろを持ち上げたら、しぼみ始め、ポリぶくろの中を液体が流れ落ちてきた。この気体はアルコールの気体だった。もう一度90℃の水をかけたら、その液体が気体になってポリぶくろがふくらんだ。

　次に、アルコールを試験管に入れて、90℃の水が入ったビーカーに入れたら、試験管の中から盛んにあわが出た。試験管の口に火を近づけたらほのおが上がった。あわの気体は、アルコールの気体だった。

　アルコールは78℃になると液体でいられなくてふっとうして気体になる。その時の温度をふっ点というそうだ。

第3時　水の気体

ねらい　**水も沸騰して、液体から気体に変わる。**

準　備

・ポリ袋　・水（室温の水と90℃以上の水）　・バット　・エタノール
・ビーカー（500mL）　・温度計（2本）

展　開

①　具体的に課題を提示する。

　「前の時間、水でなくてなぜアルコールでやるのですかという質問がありました。今日は、水を3mL入れたポリ袋に、この前と同じように90℃の水をかけると、ポリ袋はこの前と同じようにふくらむかを調べてみましょう」

課題②　**ポリ袋に水を3mL入れて口を閉じます。そのポリ袋に90℃の水をかけると、ポリ袋はふくらむかを調べよう。**

②　数人の意見を聞いて教師実験をする。

教師実験❶

　水だけ入れたポリ袋をバットにのせ、90℃の水をかける。袋はふくらまない。わずかな熱膨張はポリ袋ではわからないからだ。

③　このままでは、水は気体にならないということになってしまうので、次の質問を出す。

質　問　**水は気体にならないのでしょうか。**

子どもたちの考えの例

| ポリぶくろに90℃の水をかけてもふくらまなかったけど、90℃以上ならなるかもしれない。 | 水をなべに入れて火をかけると、やがてあわが出てふっとうするから、気体になると思う。 | 気体になると思う。水は90℃よりもっと温度が高くなるとふっとうすると思う。 |

④　子どもたちの考えをひと通り確認して次の実験に行う。

教師実験❷

　2本の試験管にそれぞれアルコールと水を入れ、そこに沸騰石と温度計を入れる。その試験管を90℃の水の入ったビーカーに入れる。すると、エタノールの方は沸騰して気体が出てくるが、水の方は沸騰することはない。

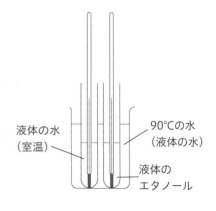

液体の水（室温）

90℃の水（液体の水）

液体のエタノール

⑤　「実験したこと・確かになったこと」をノートに書く。

ノートに書かせたいこと

　　ポリぶくろに 90℃ の水を入れ、90℃ の水をかけても大きくふくらまなかった。次に、90℃ の水の中に、水とエタノールの入った試験管を入れて気体になるのかを見た。それぞれに温度計を入れたので、よく見ると、エタノールの方は 78℃ くらいでふっとうし始めた。水の方はふっとうしなかったし、気体にならなかった。水はもっと高い温度にならないとふっとうしないと思う。なぜなら、周りのビーカーの中の 90℃ の水もふっとうしていないからだ。

第4時　水の沸点

ねらい　**水が沸騰した時の温度は約 100℃ である。**

準　備

・水　・丸底フラスコ（300mL）・棒温度計　・ガスコンロ　・金網
・鉄製スタンド（すべて、グループ数＋1）

展　開

①　具体的に課題を提示する。

　　「この前、水は 90℃ では気体にならないことがわかりました。今日は、水を加熱していったらどうなるかを調べることにします」

　　「水が沸騰していくと、液体の水の温度がそれ以上高くならないところが出てきます。それが水の沸点になります。水が液体でいられなくなる温度で、それが水の沸点です」

課題③　**水が沸騰する温度を調べよう。**

②　グループで実験する。水が沸騰している様子とその時の温度を調べたら、水の沸点が 100℃ であることを教える。

③　次に、子どもたちを教卓の周りに集め、子どもたちと同じ装置で水を沸騰させ、フラスコから出てくる水蒸気をポリ袋に集める。フラスコのガラス管に、ポリ袋をつけた太いガラス管（またはアルミ管）を試験管ばさみではさんで差し込む。すると、ポリ袋がふくら

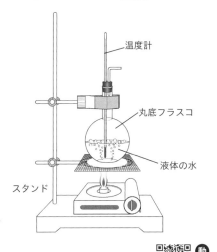

温度計
丸底フラスコ
液体の水
スタンド

ポリ袋に水蒸気を
集める動画

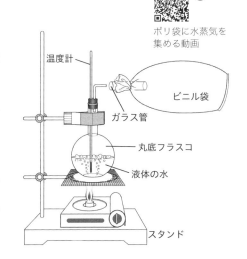

温度計
ガラス管
ビニル袋
丸底フラスコ
液体の水
スタンド

む。ポリ袋がふくらんだら引き抜く。しばらくすると、水蒸気（気体の水）が液体の水に戻ってポリ袋にたまる。

④ 「実験したこと・確かになったこと」をノートに書く。

ノートに書かせたいこと

　水の入ったフラスコに、温度計とガラス管をつけ、下からガスコンロで加熱したら、どんどん水の温度が上がって、90℃くらいでどんどんあわが出るようになった。そうしたら、ガラス管からは白い湯気が出るようになった。その後、あわがだんだんはげしく出るようになったけど、温度は98℃くらいでそれ以上上がらなくなった。水のふっ点は100℃だそうだ。

　次に、ポリぶくろがつけてある太いガラス管を、フラスコのガラス管に差しこむと、出てきた水の気体でふくらんだ。そのポリぶくろをフラスコのガラス管から外すと、ポリぶくろの底に水がたまってきた。気体の水が液体の水にもどったのだと思った。

第5時　ブタンの変化（気体⇄液体）

ねらい　室温で気体のブタンは、沸点以下の温度になると液体になる。

　この課題は、液体と気体という状態の違いは、その物の温度が沸点以上なのかそれ以下なのかの違いであり、気体の物も沸点以下になれば液体になることをつかませたい。そうすることによって、物の沸点が気体状態と液体状態の境目にあたる温度であり、沸点があるということは、物が液体になったり気体になったりするという認識に発展し、到達目標に迫ることになる。

準　備
・ブタンガス（ガスライター用ボンベから取る）　・ポリ袋　・ゴム管
・ピンチコック　・ビーカー　・ドライアイス　・エタノール　・試験管ばさみ
・マッチ（またはガスライター）

展　開
① あらかじめ、ガスライター用のボンベから、ポリ袋にブタンガスを取っておく（ガスライター用のブタンは無臭である）。袋がぱんぱんにふくらんでいることを見せて、中に気体が詰まっていることを確認してから発問する。

T：ポリ袋の中には、何が入っていますか。　　C：空気？

T：空気と言っていいですか。　C：気体。

T：では、気体ということでいいですか。この気体を液体にすることはできるだろうか。

C：どういうふうに液体にするか考えるのですか。

Ｔ：液体にできるなら、できるわけとやり方を考えてください。できないと言うの
なら、できないわけを考えてください。

課題④ このポリ袋の中の気体を液体にすることができるだろうか。

② 「はじめの考え」をノートに書いてから話し合う。まず、どの考えの子が何人いる
か、手を挙げさせて調べ、人数を板書する。

　　　液体にできる………（　　　）人

　　　液体にできない……（　　　）人

　　　見当がつかない……（　　　）人

③ それぞれの理由を発表させるが、見当がつかない子がいたら、その子から発表さ
せ、次に、人数の少ない方から発表させる。

④ それぞれの考えが出されたら、「友だちの意見を聞いて」をノートに書かせる。

⑤ ノートに書かせたあと、もう一度、討論後の考えを挙手させて調べ、板書する。

⑥ 「はじめの考え」から考えが変わった子がいたら、その子を中心に、発表させる。

私は「液体にできる」に意見を変更します。「液体は熱くなると液体でいられなくな
って気体になるのだから、その逆で気体は冷たくなると気体でいられなくなって液体
になる」という意見に賛成です。

教師実験❸ （子どもたちを教卓の周りに集める。）

気体のブタンを
液体にする動画

まず、気体のブタンの入ったポリ袋を、アルコールドラ
イアイス寒剤（⇨ p.116 参照）の入ったビーカーの中に少し
ずつ入れていくと、袋がしぼんでいくのがわかる。

そのポリ袋を全部入れてから引き上げると、袋がぺちゃ
んこになっていて、袋の中に液体がたまっているのが見え
る。その液体の部分を指で持つと、ピチピチと音がして（沸
騰して）気体になり袋がふくらむ。

袋の中の気体は、冷やせば液体になり、あたためると再
び気体になることが分かる。

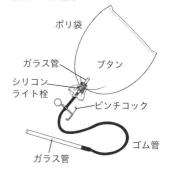

次に、中に何も入っていない試験管を見せて、図
のように、アルコールドライアイス寒剤を入れたビ
ーカーの中に入れる。この試験管にポリ袋の気体を
少しずつ送り込む。試験管を持ち上げて、底に液体
がたまっていることを確認させる。試験管に送り込
んだのは気体なのに、温度をかなり下げたら液体に
変わったということである。

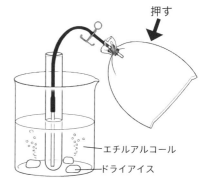

この液体は、水ではなく液体のブタンである。このことをはっきりさせるために次の実験をする。試験管を試験管ばさみではさんで、試験管の底を手で握ってから軽く手のひらにのせておくと、ブクブクとあわが出てくる。

子どもたちは、すぐに「あっ、沸騰している」と気づく。

「何が温めているの？」と聞くと、「先生の手」と答えが返ってくる。人の体温ほどで沸騰しているのだから、これは水ではないことは容易に理解できる。

手のひらにのせた試験管の口に火を近づけると、ボッと炎が上がる。沸騰した気体が燃えているのである。そこで、この気体はブタンという気体であることを話しておく。

⑦ この火のついた試験管を、アルコールドライアイス寒剤の入ったビーカーの中に入れると火は徐々に小さくなる。火の消える寸前に試験管を取り出して、もう一度手であたためると、炎は大きくなる。何人かの子の手のひらを借りて、これを繰り返し、あたためると気体が出てきて炎が大きくなり、冷やすと気体が出なくなるので、炎が小さくなることを確認したあと、試験管を寒剤に戻して火を消す。

⑧ ブタンの沸点は一定ではない。イソブタン（沸点 -11.7℃）とノルマルブタン（沸点 -0.5℃）という2種類のブタンの混合比によって違いがあるそうだ。しかしいずれにしても、沸点よりも低い温度になったために液体になったことには変わりない。子どもたちからブタンの沸点についての質問があったら、「約 -12℃」だと話しておく。

⑨「実験したこと・確かになったこと」をノートに書かせる。

ノートに書かせたいこと

結果は気体になった。アルコールドライアイス寒ざいの入ったビーカーの中にふくろを入れてふっ点以下にしたら、気体がなくなってきて液体になった。その液体の部分を指で持つと、プチプチと音がして気体になり、ふくろがふくらみ始めた。

次に、-60℃のビーカーに立てた試験管にその気体を少しずつ入れたら液体になった。その液体の入った試験管を手でにぎっただけで、ふっとうして気体になった。その気体に火をつけるとほのおが上がったので燃える気体だと分かった。気体のブタンも温度を下げると液体になることがわかった。ブタンのふっ点は -12℃だそうだ。空気もうんと冷やすと液体になるのかな。

第6時　酢酸の変化（液体⇄固体）

ねらい　液体の酢酸は固体になる。

液体と気体の変化について学習してきたが、次は、液体と固体の変化について学習

する。液体は融点以下になれば固体になり、固体は融点以上になれば液体になる。これも、単なる現象としてではなく、気体と液体の境目に沸点があったように、固体と液体の境目に融点があることを、これまでに学習してきたことを使いながら考えて獲得させるようにしたい。

準　備
・酢酸（氷酢酸：純度の高い酢酸）　・氷　・食塩　・ビーカー　・試験管
・アルミホイル　・教材提示装置

展　開
① 　ビンに入っている酢酸を見せ、「これは水ではなく、酢酸という液体です。酢酸に水を加えたものが酢です。今日は水の入っていない100%の酢酸を使います」と話す。

課題⑤　液体の酢酸を固体にすることはできるだろうか。

    固体にできる………（　　　）人

    固体にはできない…（　　　）人

    見当がつかない……（　　　）人

② 　それぞれの考えが出されたら、「友だちの意見を聞いて」をノートに書かせる。

③ 　ノートに書かせた後、もう一度、討論後の考えを挙手させて調べ、板書する。

④ 　「はじめの考え」から考えが変わった子がいたら、その子を中心に発表させる。

⑤ 　酢酸の融点は、約16℃なので、氷食塩寒剤で固体にすることができる。

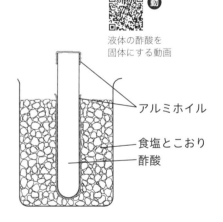

液体の酢酸を
固体にする動画

　まず、酢酸は刺激臭が強いので、試験管に入れたらアルミホイルなどでふたをしておくとよい。そして、試験管の周りにもアルミホイルを巻き、それをビーカーにいれて、周りに氷と食塩を入れて氷食塩寒剤を作って、酢酸を冷やす。試験管の周りにアルミホイルをまくのは、あとで試験管を引き抜いたりまた入れたりするときに、巻いたアルミホイルがそのままビーカーの中に残るので、試験管が割れる心配がなくなるからである。

　しばらくして試験管を引き抜くと、透明だった酢酸が白く固体に変わっているのが見える。教材提示装置を使って、固体になった酢酸の上の部分を見せると、真ん中がへこんでいることがわかる。液体から固体になる時、体積が小さ

固体になった酢酸（左）と液体の酢酸
に沈む固体の酢酸（右）

142

くなるからである。課題7、課題8でも扱うが、水以外は固体になる時、体積が小さくなるのでこのことにも触れておきたい。

T：液体の物が温められて、液体でいられなくて気体になってしまうぎりぎりの温度がありました。この温度のことを？　　　C：沸点

T：そうです。沸点です。課題④のブタンでは、気体のブタンをその沸点よりも低い温度にしたら、液体にすることができました。それと同じように、液体の物を冷やしていくと、液体と固体の境目のぎりぎりの温度があって、それよりも低い温度になると、液体が固体になってしまう。その境目の温度を融点と言います。

板書

> **ゆう点：液体の物が固体になる温度…さく酸のゆう点は約16℃**

⑥　「実験したこと・確かになったこと」をノートに書かせる。

ノートに書かせたいこと

> さく酸を固体にすることができました。さく酸を試験管に入れて、周りから氷食塩寒ざいで冷やしたら、白い固体になりました。固体になった時、真ん中がへこんでいました。これは少し体積が小さくなったからです。さく酸のゆう点は16℃だそうです。気体と液体の境目の温度がふっ点で、液体と固体の境目の温度がゆう点ということがわかりました。

第7時　水の融点

ねらい　水の融点は0℃である。

準備　（グループ数）
・水　・食塩　・細かく砕いた氷　・ボールなどの入れ物
・300mL のビーカー　・試験管2本
・-20度まで計れる温度計（先端に短く切ったストローをつける）
・アルミホイル

展開

課題⑥　**水の融点を調べよう。**（※別の方法もある）

①　温度計を入れた試験管と入れない試験管を用意し、そこに水を半分程度入れる。温度計の入っていない方には、水面に油性ペンで印をつけておく。そして、試験管のまわりをアルミホイルで覆い、ビーカーの中に入れる。

②　水100mLと食塩100gを混ぜ、細かく砕いた氷

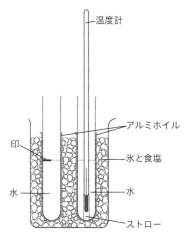

300gと混ぜてから、ビーカーの中に入れる。

③　2分ごとに、(過冷却で水の液体のままでいることを防ぐため) 指先で試験管を軽くたたきながら温度を測り、試験管の中の水の様子を観察する。温度計の入っていない方の試験管の水面に着目させ、氷になると体積が大きくなることに気づかせたい。

●水の融点を調べる別の方法

準備 （グループ数）

・氷　・ろうと　・ろうと台　・温度計　・鉄製スタンド　・ビーカー

展開

① 右図のようにして、水の固体（氷）が液体になっていくときの温度を調べることができることを説明する。そして、水の固体が固体でいられなくて液体になる温度、水の融点を調べる課題を出す。

課題⑦ 水の融点を調べよう。

② グループごとに、図のような実験装置をセットする。冷凍庫から出したばかりの氷は -10℃以下になっていることが多いので、なるべく間を置かずに温度の測定をさせたい。

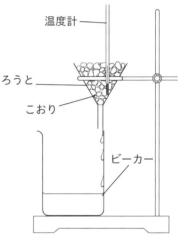

　温度計の液だまりを覆うように氷を入れ、温度が一番下がったところから始めるといい。

　やがて氷が解け始め、温度が上がっていくが0℃のところで変化しなくなることが分かる。グループによって多少の違いはあるが0℃±1℃あたりで変化しなくなるので、沸点と同様、時間がたっても変わらない点があることに注目させる。ここで水の融点を教える。また、実際には、水の融点を0℃、沸点を100℃と先に決めて、その間を100等分したのが、現在みんなの使っている温度であることを話す。

資料　水の沸点・融点と温度計の話

　普段使われている温度計の温度は、摂氏温度目盛りで表されている。摂氏の温度目盛りでは、氷点（1気圧のもとで、水と氷がつり合ってどちらも増減しない状態）の温度を0℃、水の沸点（水と水蒸気が1気圧のもとで平衡である状態）を100℃と決めている。その間を100等分して作られたのが温度計である。つまり、摂氏の温度は、水の沸点と氷点（融点）をもとにして作られているので、100℃が水の沸点というより、水の沸点を100℃と決めたのである。

【参考】

　水の融点を測るのに実験しにくいのか、教科書では、試験管に入れた液体の水を氷食塩寒剤の入ったビーカーに入れて、その時の温度変化を調べるようになっている。これでも、試験管の中の液体の水が固体になる時、0℃前後で温度が変わらなくなるのが見られる。ただ、過冷却と言って、0℃以下になっても凍らない（つまり氷にならない）場合がある。また、氷酢酸も冷蔵庫に入れても固体にならないことがある。液体から固体になる時の温度なので、凝固点というが、一般的には融点と同じになるので、説明しておくといい。

　指導要領では、水が固体になる時、体積が大きくなることが書かれているので、教科書ではそのことにも触れている。水は特殊で固体になると体積が大きくなって水の液体に浮かぶが、他の物は固体になる時、体積は小さくなるので、固体は液体の中に沈む。例えば、固体の酢酸がとけ始めると、固体の部分は沈んだままになる。ろう（パラフィン）を試験管に入れて90℃以上の水に入れて加熱すると溶け始めるが、固体の部分は沈んでいる。また、水が氷になる場合を除くと、液体が固体になると酢酸以外でも表面がくぼんで体積が小さくなることがわかるので、次の時間にも確認したい。

第8時　スズの変化（固体⇄液体）

ねらい　**金属のスズは、融点以上の温度にすると液体にできる。**

　固体と液体の境目になっている温度（融点）があることが、酢酸と水で確かめられた。そして、融点以上になれば液体になり、融点以下になれば固体になることが分かったので、そのことを使いながら、固体の物を液体にする方法を考えさせることにする。自分たちで考えた方法で、物を固体にしたり液体にしたりすることができれば、認識がより確かなものになる。ここでは、融点以上にするという方法が出されることを期待したい。これが全体で確認できたら、すぐにその方法で確かめるようにしたい。

準備

・粒状のスズ　・試験管（パイレックス）　・試験管ばさみ　・実験用コンロ
・金属製トレー　・アルミホイル

展開

① 粒状のスズを見せて、課題を出す。

課題⑧　**固体のスズを液体にすることはできるだろうか。**

② 「はじめの考え」をノートに書いてから話し合う。

　　できる……………（　　　）人

できない…………（　　）人

見当がつかない…（　　）人

③　教師実験なので、子どもたちを教卓の周りに集める。パイレックスの試験管に粒状のスズを4〜5粒入れて、実験用コンロで加熱する。液体になったら、金属製のトレーに流し込む。すると、すぐに冷えて金属光沢がきれいな固体になったスズを見ることができる。スズの融点は232℃であることを教える。

④　「実験したこと・確かになったこと」をノートに書かせる。

ノートに書かせたいこと

　固体のスズを試験管に入れて、コンロで加熱したら、スズが液体になった。スズのゆう点は232℃だから、コンロの火ですぐにゆう点以上になってとけたのだ。その液体を金属のトレーにあけたら、すぐに固体になった。ゆう点以下になったからだ。他の金属もうんと温度を高くすれば、ゆう点以上になって液体になるのだと思う。

第9時　食塩の変化（固体⇄液体）

ねらい　食塩も融点以上の温度になると液体になる。

準　備

・食塩（食卓塩ではなく、塩化ナトリウム試薬を使う）　・マッチまたはライター

・パイレックス試験管　・試験管ばさみ　・実験用コンロまたはガスバーナー

・教材提示装置

展　開

①　具体物を見せて、課題を出す。

T：これは、食塩、塩です。この食塩を拡大してで見ると、こんなふうに見えます。

　　教材提示装置などで、拡大した食塩を見せる。

　　これは、固体ですか、液体ですか、気体ですか。　　C：固体。

T：そうです。固体です。この固体の食塩を液体にできるだろうかというのが課題です。何か質問はありますか。

C：試験管の中には塩以外に何か入れないのですか。

T：塩以外には、何も入れません。

課題⑨　固体の食塩を液体にすることはできるだろうか。

②　「はじめの考え」をノートに書いてから話し合う。まず、どの考えの子が何人いるか、手を挙げさせて調べ、人数を板書する。

　　　　できる……………（　　）人

　　　　できない…………（　　）人

　　　　見当がつかない…（　　）人

③　それぞれの考えが出されたら、「友だちの意見を聞いて」をノートに書かせる。

④　ノートに書かせた後、もう一度、討論後の考えを挙手させて調べ、板書する。

⑤　「はじめの考え」から考えが変わった子がいたら、その子を中心に発表させる。

⑥　教師実験なので、子どもたちを教卓の
周りに集める。食塩を小さじ2杯くらい入
れた試験管をコンロの火で加熱して見せる。
やがて、無色透明な液体になるのが分かる。

　子どもたちから「それは水なの？」とい
う声も出てくるかもしれないが、その試験
管の底を紙につけると、紙が焦げてしまう

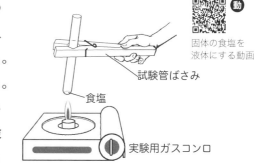
固体の食塩を
液体にする動画

試験管ばさみ

食塩

実験用ガスコンロ

ことから、とても高い温度になっていることを知らせる。ここで、食塩が融点を超
えて液体になったことを、子どもたちとやり取りしながらとらえさせたい。

　そして、食塩の融点は約800℃であることを教える。

⑦　「実験したこと・確かになったこと」をノートに書かせる。

ノートに書かせたいこと

　食塩を少し試験管入れて、コンロで加熱したら、食塩がとう明な液体になった。食
塩のゆう点は約800℃だそうだ。水みたいに見えるが、試験管の底に紙をつけたらす
ぐこげてしまった。ゆう点が高いから、スズのようにすぐに液体にはならなかったし、
コンロからはなしたらすぐにゆう点以下になって固体になったのだ。

第10時　パラフィン（ろう）の変化（固体⇄液体）と体積変化

ねらい　固体のパラフィンは融点以上で液体になり、融点以下では
固体になる。液体から固体になると体積が小さくなる。

　液体の物が固体になると、一般的には体積が小さくなる。それは、液体と固体では、
分子の結びつき方に違いがあり、固体の方がきっちりと結びついている状態なので、体
積は小さくなるのである。この学習の前、「物の温度と体積」では、温度が変化する
と体積が大きく変わるのは気体で、液体はわずか、固体はもっとわずかな変化である
ことを学習している。小学校でどこまでイメージをつくっていくのか難しいところで
はあるが、この「水の3つのすがた」の学習で、気体、液体、固体の分子のイメージ
ができてくると思う。気体では分子が飛び回って、ほかの分子にぶつかっている状態
で、温度が高くなればその動きがさらに活発になって体積が大きくなること。液体で
は、分子同士のすき間がうんと小さくなっているが、自由に動き回る状態で、入れ物

の形に容易に変化し、温度が高くなればその動きが大きくなり体積も大きくなること。固体では分子同士が結びつき、温度が高くなるほど振動が激しくなるが結びついているためにそれほど体積が大きくはならないといったイメージである。

　ところが、水という物質は特殊で、液体から固体になると体積が大きくなってしまうのである。この性質は水分子の特性によるもので、水分子同士が結びつくとき、分子のすき間が大きくなるような結びつき方をするので、液体のときより体積が大きくなるのである。水を紙コップやプラコップに入れて冷凍庫に入れて凍らせると、体積が大きくなるのはそのためである。また、冬になって池や湖の氷がはる時があるが、水の入ったコップに氷が浮かぶように、水より氷の方が、密度（同体積の重さ）が小さいので、氷は上からはっていくのである。このため、底の方は凍らず、液体のままなので、そこに住む生物も凍らずに済むのである。

　そこで、この時間には、物が液体から固体になると体積が小さくなるのが一般的な変化で、水が氷になると体積が大きくなるのは例外であることをとらえさせたい。

準　備
・パラフィン（ろう）　・試験管　・試験管ばさみ　・氷　・ビーカー　・90℃の水

展　開
①　具体物を見せて、課題を出す。

　　試験管の中にパラフィン（ろう）を入れ、融点が45〜65℃（約60℃）であることを知らせる。

　　このパラフィンを90℃の水の入ったビーカーの中に入れると、どうなるかを聞く。

　　液体になるということの確認が取れたら、この液体の温度を下げたらどうなるかを聞き、さらに、その時の体積がどうなるのかを課題として出す。

課題⑩　液体にしたパラフィンの温度を下げて固体にすると、体積はどうなるだろう。
②　数人の意見を聞いて、すぐに調べる。子どもたちは、酢酸の液体が固体になった時、真ん中がへこんだことをもとに体積が小さくなったと考えるが、教科書では水が液体から固体になる時の体積変化が書かれているので、意見が分かれることだろう。

グループ実験❶
　　粒状のパラフィンを試験管に入れて渡し、90℃の水を入れたビーカーの中に入れて、液体になる実験をやらせる。液体になったところで、試験管を引き上げ周りの水分をふいて、液面に油性ペンなどで印をつけさせる。

グループ実験❷
　　パラフィンの液体が入った試験管を、氷水が入ったビーカーに入れさせる。すると、すぐ固体になってくるので、先ほどの印の位置と比べさせる。また、固体の真

ん中がへんでいることを確認させ、体積が小さくなっていることを確認する。

【教師実験】

試験管に水を半分くらい入れ、水面に印をつけてからアルミホイルで包み、ビーカーの真ん中に立つように設置する。

そこに試験管の水面が隠れるくらいまで氷を入れ、氷の重さの30%くらいの食塩を水と混ぜてドロドロにした液を流し込む。

液体の水が全て固体になるには時間がかかるので、子どもたちには、**グループ実験❶と❷**についてノートに書かせておき、**教師実験**は結果が出たら書かせるようにする。

③ 「実験したこと・確かになったこと」をノートに書かせる。

【ノートに書かせたいこと】

液体のさく酸やパラフィンが固体になると体積が小さくなりました。固体になると固まるから体積が小さくなるのかなあと思いました。

最後に水が液体から固体になると体積がかわるのかを調べたら、水は体積が大きくなりました。固体の方が、体積が大きくなるから軽くなって、氷は水にうかぶそうです。そういえば、パラフィンがとける時、固体の部分は下の方にありました。パラフィンは固体の方が重いからだと思いました。

第11時　物の温度と3つの姿

【ねらい】　**物の温度によって物のすがたが決まる。**

【準　備】
・沸点表　・融点表　・グラフ用紙

【展　開】

これまでの学習を振り返りながら、いろいろな物質の融点・沸点表を見せて、「○○℃の世界では、どの物質が固体のままなのか、液体のままなのか、気体のままなのか」を考えさせる。沸点・融点表をもとに、グラフ化することによって、温度によって物の姿が決まることをはっきりさせたい。身の回りの物で、固体の物は融点・沸点が高く、逆に気体の物は、融点・沸点が低いこともとらえさせたいところである。

物の沸点・融点表

<table>
<tr><td rowspan="2">気体</td><td rowspan="4">沸点</td><td>物の名前</td><td>鉄</td><td>銅</td><td>金</td><td>アルミニウム</td></tr>
<tr><td>沸点</td><td>2863℃</td><td>2571</td><td>2857</td><td>2520</td></tr>
<tr><td rowspan="6">液体</td><td>融点</td><td>1536</td><td>1084.5</td><td>1064.43</td><td>660.37</td></tr>
<tr><td>物の名前</td><td>スズ</td><td>鉛</td><td>水銀</td><td>食塩</td></tr>
<tr><td rowspan="6">融点</td><td>沸点</td><td>2603</td><td>1750</td><td>356.58</td><td>1485</td></tr>
<tr><td>融点</td><td>232</td><td>327.5</td><td>-38.842</td><td>801</td></tr>
<tr><td rowspan="4">固体</td><td>物の名前</td><td>ナフタレン</td><td>イオウ</td><td>メタノール</td><td>エタノール</td></tr>
<tr><td>沸点</td><td>217.9</td><td>444.674</td><td>64.65</td><td>78.32</td></tr>
<tr><td>融点</td><td>80.5</td><td>112.8</td><td>-97.78</td><td>-114.5</td></tr>
<tr><td>物の名前</td><td>水</td><td>プロパン</td><td>窒素</td><td>酸素</td></tr>
<tr><td>沸点</td><td>100</td><td>-42.1</td><td>-195.8</td><td>-182.96</td></tr>
<tr><td>融点</td><td>0</td><td>-188</td><td>-209.86</td><td>-218.4</td></tr>
</table>

『理科年表』より

　上の表を見て、それぞれの融点と沸点に印を付け、気体を黄色、液体を青、固体を赤でぬりましょう。

資料

原爆がわら

　高い温度では、石も液体になることは、火山から噴出する溶岩でもわかります。もっともっと高温にすると石も気体になってしまいます。

　広島の原爆資料館には、原爆がわらが展示されています。原爆が落とされた中心付近の屋根がわらです。表面をよく見ると、小さなぶつぶつがわかります。これは、原子爆弾の熱で、ものすごい高温（5000℃）になり、かわらの表面の土が液体になり、さらにふっとうして気体に変わってあわとなって出ていったあとなのです。

参考資料:『算数・理科が好きになる4年』(学校図書)

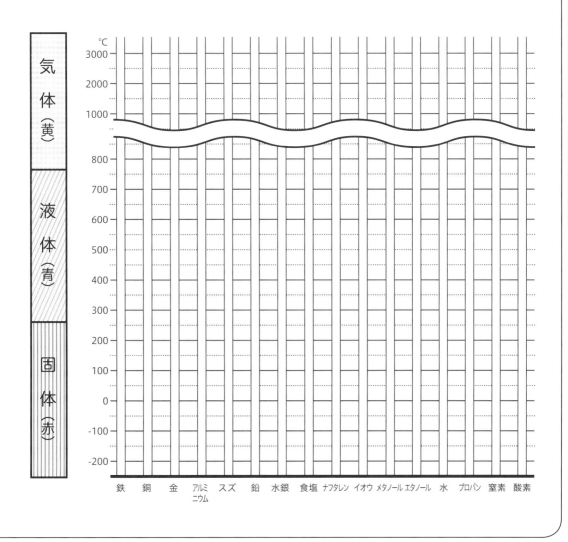

単元について

水以外の実験を取り入れよう

　教科書の単元名を見ると「水」という文字がすべてについている。これは、学習指導要領の学習内容として「（ウ）水は，温度によって水蒸気や氷に変わること。また，水が氷になると体積が増えること。」と書かれているからである。しかし、教科書を見ると、液体のアルコールが気体になる変化が示されたり、固体の金属が液体になり、再び固体になる様子が写真とともに載っていたりする。また、液体が固体になると体積が小さくなることも、ロウの変化として紹介されている。これらのなかには小学校の理科室でできる実験もある。水以外の物も温度によってすがたが変わることを、子どもたちに見せられたら、間違いなく科学の目が開かれるだろう。この単元では、ぜひ、水以外の物が温度によってすがたが変わることを取り入れたい。

11. 水のゆくえ

【目標】

(1) 水は 100℃以下でも蒸発して水蒸気になる。

(2) 空気中の水蒸気は、温度が下がると液体の水になる。

(3) 水は姿を変えながら地球上をめぐっている。

【指導計画】　4時間

(1) 水は 100℃以下でも蒸発して水蒸気になり、空気中に出ていく。……2時間

(2) 空気中の水蒸気は冷やされると液体の水になる。………………………1時間

(3) 自然の中の水………………………………………………………………1時間

【学習の展開】

第1時　水の蒸発　①

ねらい　水は 100℃以下でも蒸発する。

準　備

・タオル1枚　・上皿自動ばかり1台

展　開

① 濡れたタオルを見せて課題①を出す。

「課題の意味わかったかな？」と問い、課題にたいする質問があったら答えてから板書する。

課題①　ぬれたタオルの重さをはかったら○ g だった。30 分後も重さは同じだろうか。

② 課題を書いて、はじめの考えを書く。

③ 重さは同じまたは軽くなると考える子が多い。それぞれの人数を挙手によって調べる。

④ はじめに、見当がつかないという子がいたら、その子の考えを聞く。次に、人数が少ない方の考えを聞く。最後に多くの子が考えていることを聞く。

⑤ 重さは同じ、軽くなる、それぞれの理由がすべて出

るようにする。

⑥　それぞれの考えを出し合い、質問や反対意見などを出し合った後、今の自分の考えを「友だちの意見を聞いて」として書かせる。

⑦　はじめの考えを変更した子がいたら、理由も含めて発言させる。また、発言したい子がいたら発言させる。

⑧　はじめに示したぬれタオルの30分後の重さを調べ、実験結果を確認して「実験したこと、確かになったこと」を自分の言葉で書かせる。（30分で15 ～ 20 g軽くなる）

ノートに書かせたいこと

　ぬれタオルの重さは約140 gだったけど、30分たったら約120 gになっていた。軽くなったのは、水が蒸発したからだった。部屋の温度は23℃しかないのに水が蒸発して空気中に出ていったからタオルがかわいていた。水は100℃になっていなくても蒸発した。

第2時　水の蒸発　②

ねらい　水は100℃以下でも蒸発して水蒸気になり、空気中に出て行く。

準　備

・100mL メスシリンダー4本
・2本は10日前に100mLの水を入れてラップをかぶせて用意しておく。

展　開

①　1 ～ 2人の児童を指名して、前時のノートを読ませる。

②　2本の100mL メスシリンダーにそれぞれ水を100mL 入れて、片方にはラップをかけて輪ゴムで閉じて子どもたちに見せて、課題②を出す。

　「課題の意味わかったかな？」と問い、課題にたいする質問があったら答えてから板書する。

課題②　2本のメスシリンダーにそれぞれ100mLの水を入れ、片方はラップをかぶせて日なたに置いた。10日後の水の体積はどちらも同じだろうか。
　　　　（10日ぐらい前に作っておく）

③　課題を書いて、はじめの考えを書く。

④　それぞれの人数を挙手によって調べる。

⑤　見当がつかないという子がいたら、その子どもからはじめの考えを聞く。次に、挙手した人数が少ない順に意見を聞いていく。ラップなしは水蒸気が逃げていくことが出されるとよい。

⑥　意見交換後、今の考えを「友だちの意見を聞いて」として書かせる。

⑦　今の考えを確認するため、もう
　　一度挙手させて人数の変更を調べ
　　る。意見が変わった子がいたら発
　　言させる。

⑧　実験は 10 日前に作ってあった
　　実験装置を見せる。ラップなしは
　　体積が少なくなっているが、ラッ

写真提供：八田敦史さん

プありも水面が下がっている。ラップありにはガラスやラップに水滴がついている
ことを確認する。

⑨　「実験したこと、確かになったこと」を自分の言葉で書かせる。

ノートに書かせたいこと

　メスシリンダーに入れてあった水をひなたに置いておいたら、蒸発して体積が減っ
ていた。ラップをしてある方も水面が下がっていたけど、水てきがついていた。この
ことから、水は蒸発して外に出て行くことが確かになった。

第3時　結露

ねらい　**空気中にも水蒸気があり、冷やされると液体の水になる。**

準　備
・氷（ビーカーに 5 個ぐらいずつ）　・300mL ビーカー（グループ数＋教師用）

展　開
①　1 〜 2 人の児童を指名して、前時のノートを読ませる。
②　ビーカーに水と 5 個ぐらいの氷を入れたものを見せて課題③を出す。
　　「課題の意味わかったかな？」と問い、課題にたいする質問があったら答えてから
　板書する。

課題③　**この氷水が入っているビーカーを机の上に置いておくと、ビーカーの周り
　　　　はどうなるだろう。**

③　課題を書いて、はじめの考えを書く。
④　それぞれの人数を挙手によって調べる。
⑤　見当がつかないという子がいたら、その子
　　どもからはじめの考えを聞く。次に、挙手し
　　た人数が少ない順に意見を聞いていく。空気
　　中に水蒸気があることを想起させ、その水蒸
　　気のことが意見として出されることを期待し

写真提供：八田敦史さん

たい。

⑥　意見交換後、今の考えを「友だちの意見を聞いて」として書かせる。

⑦　今の考えを確認するため、もう一度挙手させて人数の変更を調べる。意見が変わった子がいたら発言させる。

⑧　実験はグループごとにビーカーに氷と水を入れて観察する。5分ほどでビーカーの周りが曇ってきて、水滴がつくことが確認できる。

⑨　「実験したこと、確かになったこと」を自分の言葉で書かせる。

ノートに書かせたいこと

ビーカーに氷水を入れて机の上に置いた。しばらくするとビーカーの周りがくもってきた。空気中の水蒸気が冷えて水になったからだ。水蒸気は見えないけど、部屋の中にあることが確かになった。

資料

温度による空気中の飽和水蒸気量

水蒸気は空気中にいつでも存在しています。1㎥の空気の中にある水蒸気の量は多いときも少ないときもありますが、これ以上は含むことができないという限界量があり、それを飽和水蒸気量といいます。

飽和水蒸気量は、温度によって変わります。たとえば、気温が10℃の時は1㎥あたり9g、20℃では1㎥あたり17g、30℃では1㎥あたり30gです。気温0℃でも1㎥あたり5gの水蒸気が含まれています。-10℃でも水蒸気が2gは含まれています。-10℃というと氷（固体の水）になる温度なのに、なんだか不思議な気がしますね。

テレビの気象情報などで、「今日の湿度は80%を超え、非常に蒸し暑い一日となりました」などと言うときの湿度は、飽和水蒸気量にたいしてどれだけの割合かを%で表したものです。

いま、部屋の中の気温が30℃だとすると、飽和水蒸気量は1㎥あたり30gです。このときの湿度が57%だとすると、30g×0.57 = 17.1で、1㎥の水蒸気量は約17gになります。

この部屋でコップに冷たいジュースを入れると、コップの周りの空気の温度が下がります。もしも、コップの周りの空気が10℃以下になったとすると、そのとき10℃の飽和水蒸気量は9gなので、17g-9gで1㎥あたり8gの水蒸気が液体の水に変わることになります。こうしてコップの近くにある空気が含んでいた水蒸気が液体の水になり、コップの表面に結露が発生するのです。

梅雨時に窓ガラスに結露ができることがあります。これは、室内が暖かくて水蒸気量も飽和状態に近いと、気温が低い外とのわずかな温度差でも水蒸気が液体の水になるからです。

第4時　自然の中の水

ねらい　自然の中で水はさまざまにすがたを変えてめぐっている。

展開

課題④　雲から降ってきた雨は、その後どうなるか、順を追って考えよう。

① 課題を書いて、はじめの考えを書く。

② 順に発表させる。

　　雨　➡　土にしみこむ・川に流れる　➡　海に流れる

③ 意見交換後、今の考えを「友だちの意見を聞いて」として書かせる。

④ 資料と教師の説明を聞く。

⑤ 「雨水がどうなっていくか」を、絵とその解説を自分の言葉で書かせる。

ノートに書かせたいこと

　雨が降ると、その雨水は地面にしみこんだり、川に流れたりして、そのまま池や海に流れる。海の水や池や川の水は、じょう発して空気中に出ていき、それが空の高いところで雲になる。その雲から雨が降る。こんなふうにぐるぐるまわっているみたいになっている。

単元について

水の3つのすがたの後に

　この単元では、水が蒸発して空気中に出て行ったり、空気中に含まれている水蒸気が結露して液体の水になったりするという現象を学習する。物には沸点があって、沸点以上の温度になると気体になる。水の沸点は100℃で、100℃以下では液体の水だし、エタノールの沸点は約78℃なので、それ以下では液体である。ところが、物は、沸点以下でも気体になることがある。水の場合100℃以下でも水蒸気になるし、注射前に腕などに塗られるエタノールも78℃以下でも気体になっている。水が蒸発したり結露して液体の水になったりするという現象も、温度による三態との関わりのなかでとらえるようにしたい。そのためには、「水の3つのすがた」の学習で水の状態変化を温度との関わりで学習した後でこの単元に取り組みたい。

資料

自然界の水の循環

　上の資料にもあるように、空気中には水蒸気がふくまれています。温度が高いほどふくむことができる水蒸気量は多くなります。

　水蒸気は池や川、海からだけでなく、地面からも蒸発しています。冬には氷や雪からも直接水蒸気が空気中に出て行っています。しかし、もっともたくさんの水蒸気が出ているのはあたたかい地方の海です。

　温暖な海などでたくさんの水蒸気をふくんだ空気が、あたためられてぼう張すると、みつ度が小さくなり上空に上がっていきます。

　上空に上がった空気はさらにぼう張し、温度が下がります（断熱ぼう張）。すると、それまで空気中にふくまれていた水蒸気が液体の水になります。水蒸気は気体なので目に見えませんが、液体の水つぶになると目に見えるようになります。集まって水つぶになったりさらに冷やされて氷つぶになったりします。そのたくさんの水つぶや氷つぶが、地上から見える雲なのです。

　雲の中の水つぶや氷つぶは重くなって落ちてきますが、風（上しょう気流）によって雲の中で落ちたり吹き上げられたりしてさらに大きなつぶになります。このようにしてできた大きな水つぶや氷つぶが落ちて雪や雨になるのです。

　地上に降った雨や雪は、池にたまったり地面にしみ込んだりします。地表を流れていき、川となって海に流れていきます。そして、川や池から水蒸気が出て行きます。海に降った雨もまた蒸発して雲になります。このように、水はさまざまに姿を変えながら、地球上をめぐっているのです。

おわりに

　わたしが参加しているある研究会（サークル）に来ている4年担任の先生から、「『ヒトの体のつくりと運動』の授業を今年もやるので、一緒にプランを考えてほしいと話がありました。その先生は2年続けて4年担任になったので、昨年の反省を生かして今年の授業をつくりたいと考えているのでした。

　そこで詳しく話を聞いてみると、「骨と筋肉についていろいろ体験はできても、それで終わっているような気がする」というので、昨年の授業の指導計画をもとに今年の授業プランを立てることになりました。

　まずは1時間1時間の授業のつながりはどうかを考えました。その話し合いのなかで、骨の学習と筋肉の学習のつながりを持たせたいという意見が多く出され、もう一度単元の目標を整理して、学習のつながりを重視した授業プランを作っていきました。

　後日、その先生に授業の様子を聞いたところ、予定していた授業時数を確保できないため、減らさざるを得なかったそうですが、この単元でとらえさせたい目標をもとに、工夫できたそうで、プランを検討してもらってよかったと語っていました。

　今回のこの研究会では、「ヒトの体のつくりと運動」の授業プランを作りました。その流れを整理すると、まずは単元の目標を確認しました。単元の目標（とらえさせたい内容）が明確になると、その内容に近づくための1時間1時間のねらいを考え、指導計画を作りました。つぎに、1時間1時間のねらいを子どもが考えられるようにする主発問（学習課題）と実験や観察を考えていきました。そして、授業をした後には、その授業の様子を検討して、学習課題を修正したり、実験や観察を改良したり工夫したりします。わたしは、授業に関するこういったさまざまな営みこそ、教師にとって大事な研究だと考えています。

　このシリーズの執筆者であるわたしたちは、科学教育研究協議会をはじめとするさまざまなサークルに参加するなかで、単元目標を明確にして指導計画を立て、わかりやすい課題提示や実験を行うなど、これまでに学んできたことを生かした授業をおこなってきました。このシリーズには、その成果が十分に生かされていると自負しています。

　本書を手にとった多くの先生方が、子どもたちにとってよくわかる楽しい授業を展開してくれたら、それが一番の喜びです。

2020年3月　高橋　洋

著者●┄┄┄

小幡 勝（おばた・まさる）

第 5 章（7）（9）（10）執筆

東京都公立小学校教諭　科学教育研究協議会会員　自然科学教育研究所所員

高橋 洋（たかはし・ひろし）

第 1 ～ 4 章・第 5 章（1）（2）（3）（4）（5）（6）（8）（11）執筆

元・東京都公立小学校教諭　科学教育研究協議会会員　自然科学教育研究所所員

参考文献●┄┄┄

『本質がわかる・やりたくなる理科の授業 4 年』

（高橋 洋 著／子どもの未来社）

『基礎的な内容を楽しく学ぶ　理科 4 年の授業』

（高橋 洋 編著／星の環会）

『教科書よりわかる理科　小学 4 年』

（江川 多喜雄 監修／佐久間 徹 編著／合同出版）

『理科の本質がわかる授業　理科編』シリーズ

（全 4 巻／日本標準）

『新たのしくわかる理科 4 年の授業』

（中村 啓次郎 著／あゆみ出版）

『小学校理科の学力』

（江川 多喜雄 著／子どもの未来社）

『どう変わる どうする 小学校理科新学習指導要領』

（小佐野 正樹・佐々木 仁・高橋 洋・長江 真也 著／本の泉社）

『岩波小辞典　教育　第 2 版』

（勝田 守一・五十嵐 顕・太田 堯・山住 正己 編／岩波書店）

『人体のふしぎ　子どものなぜ？に答える科学の本』

（江川 多喜雄 著／いかだ社）

『科学であそぼう 2　骨ははたらきもの』

（八杉 貞雄 文・矢崎 芳則 絵／岩波書店）

『完全図解　からだのしくみ全書』

（高橋 健一 監修・著作／東陽出版）

『子ども天文教室　地球・月・太陽』

（前川 光 著／大日本図書）

『子ども天文教室　やさしい天体観測』

（前川 光 著／大日本図書）

『なんでもウォッチング　天気の変わりかた』

（日本気象協会 編／誠文堂新光社）

『知識ゼロからの異常気象入門』

（斉田 季実治／幻冬舎）

本質がわかる・やりたくなる　新・理科の授業　4年

2020 年 4 月 13 日　第 1 刷印刷
2020 年 4 月 13 日　第 1 刷発行

著　者●小幡　勝・高橋　洋

発行者●奥川　隆

発行所●子どもの未来社

〒 113-0033　東京都文京区本郷 3-26-1 本郷宮田ビル 4 F
　　　　　　TEL：03-3830-0027　　FAX：03-3830-0028
　　　　　　振替　00150-1-553485
　　　　　　E-mail：co-mirai@f8.dion.ne.jp
　　　　　　HP：http://comirai.shop12.makeshop.jp/

印刷・製本●株式会社 文昇堂

© Obata Masaru　Takahashi Hiroshi　2020　Printed in Japan
ISBN978-4-86412-169-9　C0037

編集●高原良治
本文イラスト●いなみさなえ
デザイン・DTP ●シマダチカコ
制作協力●(株) 京北

■定価はカバーに表示してあります。落丁・
乱丁の際は送料弊社負担でお取り替えい
たします。
■本書の全部、または一部の無断での複写
（コピー）・複製・転訳、および磁気また
は光記録媒体への入力等を禁じます。複
写等を希望される場合は、小社著作権管
理部にご連絡ください。